이스탄불을
듣는다

Orhan Veli Bütün Şiirleri

Orhan Veli Kanık

대산세계문학총서 106

이스탄불을
듣는다

Orhan Veli Bütün Şiirleri

오르한 웰리 카늑 지음 — 술탄 훼라 아크프나르 여·이현석 옮김

문학과지성사
2011

대산세계문학총서 106_시
이스탄불을 듣는다

지은이 오르한 웰리 카늑
옮긴이 술탄 훼라 아크프나르 여·이현석
펴낸이 홍정선
펴낸곳 ㈜문학과지성사
등록 1993년 12월 16일 등록 제10-918호
주소 121-840 서울 마포구 서교동 395-2
전화 02)338-7224
팩스 02)323-4180(편집) 02)338-7221(영업)
전자우편 moonji@moonji.com
홈페이지 www.moonji.com

제1판 제1쇄 2011년 11월 18일

ISBN 978-89-320-2252-9
ISBN 978-89-320-1246-9 (세트)

이 책은 대산문화재단의 외국문학 번역지원사업을 통해 발간되었습니다.
대산문화재단은 大山 愼鏞虎 선생의 뜻에 따라 교보생명의 출연으로 창립되어
우리 문학의 창달과 세계화를 위해 다양한 공익문화사업을 펼치고 있습니다.

차례

이방인 (1941)

게믈릭으로 11 | 로빈슨 크루소 12 | 꿈 13 | 사람들 14 | 명절 15 | 이주1 16
이주2 17 | 나의 왼손 18 | 내 그림자 19 | 나의 눈 20 | 산꼭대기 21 | 운전사의 아내 22
험담 23 | 비문 25 | 내 근심은 다른 것 27 | ? 28 | 전쟁터로 가는 사람 29 | 두통 30
아침이 밝아올 때까지 31 | 이스탄불을 위하여 33 | 얼마나 아름다운가 35
사랑에 사로잡힌 것인가? 36 | 나의 배들 37 | 아름다운 날들 38 | 혼돈 39 | 환각 40
설명할 수 없네요 41 | 산딸기 42 | 전처 43 | 새들은 거짓말을 한다 44
페스티벌 45 | 송시 46 | 불안하게 한다 47 | 소문 48

포기하지 못하는 것 (1945)

이 세계는 사람을 미치게 만든다 51 | 소설의 주인공 52 | 턱수염 53 | 여행 54
이스탄불의 노래 55 | 기차 소리 57 | 아니라네 58 | 떠나기 바로 전 59 | 케샨 60
손님 61 | 나는 오래된 물건들을 산다 62

서사시처럼 (1946)
길의 노래들 65

새로움(1947)

회상 81 | 금니를 가진 나의 연인 82 | 이유가 있으리 83 | 무대의 시 84 속에 85 | 핀셋의 시 86 | 산비둘기를 위한 시 87 | 아, 나의 젊음은 무엇이었나 88 바다를 그리는 이들을 위해 89 | 카팔르 차르쉬 91 | 죽음 가까이 92 종소리의 시 94 | 두근거리는 시 95 | 요염히 눕다 96 | 황금의 산 97

마주 서서(1949)

해가 솟는다 101 | 여러분을 위하여 102 | 이스탄불을 듣는다 104 자유를 향하여 107 | 갈라타 다리 109 | 마주 서서 111 | 건달 마흐무트 113 봄의 첫 아침에는 114 | 외로움을 위한 시 115 | 이별 116 | 안에서 117 느낌 속에서 보라 118 | 무료 119 | 조국을 위해 120 | 아흐메트들 121 에롤 귀네이 네 고양이 122 | 벼룩의 시 123

시집에 실리지 않은 시들

생전에 발표된 시들

물장수의 노래 127 | 파도 129 | 꼬리 있는 시 132 | 대답 133 평온 134 | 모험 135 | 갑자기 137 | 인어 아가씨 138

유고시들

도착의 시 143 | 사랑 행렬 144 | 구멍투성이 시 149 | 루바이 150 | 산다는 것 151

문예지에 실렸으나 시집에 실리지 않은 고전 정형시들

연시(戀詩) 155 | 에바빌 157 | 나의 상념들 가까이에 159 | 엘도라도 161 나의 방에서 163 | 여행 167 | 구더기 168 | 피라미드 170 | 밀 172 | 좁은 문 175 아베 마리아 177 | 바람에 나를 열 수 있다면 179 | 인생의 황혼 182 긴 고통이 끝난 뒤에 오는 행복의 순간에 나타날 죽음의 노래 183 | 해가 떠오른다 184 태양 186 | 소멸 188 | 헬레네를 위해 189 | 동화 191 | 잠 192 | 마지막 노래 193

투바 194 | 소식 195 | 죽음 뒤 유쾌해지기 위한 가곡 196

생전에 발표하지 않은 고전 정형시들
전설 199 | 내 동네의 저녁을 위해 201 | 빵 202 | 노래1 203 | 노래2 204

문예지에 실렸으나 시집에 실리지 않은 현대 자유시들
나무 207 | 헤이, 룰루 208 | 바다 209 | 비탈길 210 | 여행 211
일요일의 저녁들 212 | 아스팔트 위의 시 213 | 에디트 알메라 215
나의 나무 216 | 슬픔 속에 머무르다 217 | 술집 218 | 기행(紀行) 219 | 사람들2 220
기행(紀行)의 시 221 | 당신은 살아 있는가요 222 | 아침 223 | 자살 224 | 방울새 225
옥타이에게 보내는 편지 226 | 수선공 사브리 228 | 시실리의 어부 229
그저 장난으로 230 | 나의 침대 231 | 알리 리자와 아흐메트의 이야기 232
화롯불 233 | 쓸데없는 나의 이야기들 234 | 우리처럼 235 | 카네이션 236
새와 구름 237 | 양(量) 238 | 거리를 걸어갈 때 239 | 나, 오르한 웰리 240 | 하이쿠 243

발표되지 않았던 현대 자유시들
자난 247 | 알코올 같은 무언가가 있다 248 | 위에는 249 | 교외에서 250
삶이란 그런 것 251 | 르네상스 252 | 버터 253 | 갱스터 254 | 작별 255 | 산책 257
겨자 이야기 258 | 하얀 망토의 여인 259 | 나쁜 아이 260 | 신에게 감사를 261
깃발 262 | 내 최고의 작품 265 | 작은 모음곡 266 | 어느 도시를 떠나면서 269
작은 가슴 271 | 풍경 272 | 그림들 273

작가의 말 · 『이방인』을 위해 274
『이방인』 서문 요약 277
옮긴이 해설 · 오르한 웰리 카늑과 그의 시에 대하여 284
작가 연보 293
기획의 말 295

일러두기

1. 이 책은 Orhan Veli Kanık의 *Orhan Veli Bütün Şiirleri*(Istanbul: YKY)를 우리말로 옮긴 것이다.
2. 주석은 모두 옮긴이의 것이다.
3. 맞춤법과 외래어 표기는 1989년 3월 1일부터 시행된 「한글 맞춤법 규정」과 『문교부 편수자료』 『표준국어대사전』(국립국어연구원)을 따랐다.

이방인
1941

게믈릭*으로

게믈릭으로 가면
바다를 볼 수 있을 거요
그때 놀라지는 마오

---

* Gemlik: 에게 해 연안의 항구도시.

로빈슨 크루소

할머니,
어린 시절 친구들 가운데
내 가장 소중했던 이
무인도에서 우린 함께 찾았지,
가엾은 로빈슨을 구할 방법을
우린 함께 울기도 했었지,
거인의 나라에서
불행한 걸리버가 겪은 고난을 보며

꿈

어머니가 돌아가시는
꿈에서 깨어나니
나 흐느끼고 있었네
어느 명절 아침
하늘로 날아간
풍선을 바라보며 울던
그런 날이 떠올랐네

사람들

난 얼마나 그들을 사랑하는지!
그이들은
다채로우나 흐릿하게 지워진
판박이의 세상에서
닭과 토끼 그리고 개 들과
함께 살아가는
그런 사람들을 닮았네

명절

까마귀들아
엄마에겐 제발 일러바치지 마라
오늘 축포가 터질 때
난 집에서 도망쳐
국방부가 있는 곳으로 갈 거야
너희가 조용히 있으면
사탕을 사주마
시미트*와 닭 모양 사탕을 사주고
바이킹 배에 태워주마
내 모든 구슬들도 너희에게 주마
까마귀들아,
엄마에겐 절대 말하지 말아라!

---

* Simit: 터키 특유의 깨를 뿌린 도넛 모양의 빵.

이주 1

창밖으로
지붕들 너머 항구가 보였다
교회 종소리가
온종일 쉼 없이 울렸고
그는 침대에 누워
이따금 밀려오는 기차 소리를 들었다
그리고 밤들
그는 건너편 아파트에 사는
한 소녀를 사랑하게 되었다
그러나
그는 이 도시를 두고
다른 곳으로 떠났다

이주 2

지금 창문 너머로
운하를 따라 늘어선
미루나무들이 보이네요
낮에는 계속 비가 내리구요
밤이면 달이 뜨고
건너편 광장에선 야시장이 서지요
그에겐 언제나
여행, 돈, 편지 같은
생각해야 할
그런 일들이 있지요

나의 왼손

술에 취해 나는
또 너를 생각했지
나의 왼손을
나의 서투른 손을
나의 가련한 손을!

내 그림자

이젠 지겹고 지쳤다
여러 해 동안
그를 끌고 다녔지
내 발끝을 길게 따라온 것은
이 세상에서 잠시만 홀로 되기로 하자
그도 혼자서
나도 혼자서

나의 눈

나의 눈,
나의 눈은 어디에?

악마가 앗아갔었지만
팔지 못해 가져왔던 것

나의 눈,
나의 눈은 어디에?

산꼭대기

너는 산꼭대기에 있구나
네 고통은 하루치의 그리움
저녁이 오는구나
해가 저무는구나
술에 취하지 않고서
또 어쩔 수 있으랴

운전사의 아내

운전사의 아내여, 나를 곤혹스럽게 하지 말아요
그렇게 벗은 옷차림으로
창문에서 손짓하지 말아요
형부를 바라보는 그대의 눈빛
내겐 젊음이 있지요
철창 안에서 지내고 싶지 않아요
나를 불행에 빠뜨리려 말아요
그대, 나를 난처하게 하지 말아요

험담

내가 슈헤일라에게 빠져버렸다고
누가 소문을 냈을까?
누군가 본 모양인데, 누구였을까
한낮 보도 위에서
엘레니에게 키스한 것도?
멜라하트를 데리고
알렘다르* 카페에 갔었나, 그랬나 내가?
거기 대해선 다음에 설명하지
하지만 전차 안에서
누군가의 허벅지를 더듬었다고, 내가?
맙소사, 갈라타 유흥가에 흠뻑 빠져
머리 끝까지 취해
정신을 빼놓고 있었다는 말은?
무시하게, 그런 말들은
개의치 말게나
그저 펜으로 지워버리게

---

* Alemdar: 1. 오스만 제국 정예부대인 예니체리 Yeniçeri의 장교. 2. 기수(旗手).

내가 한 일은 내가 안다네

이런, 무알라를 보트에 태워
「내 마음 속 그대 슬픔」을 노래하게 했다는
그런 얘기는 또 뭔가?

비문

I

그가 세상에서 겪은 고통 가운데 무엇도
티눈의 고통만 한 것은 없었지
추한 모습으로 태어난 것도
그 정도의 아픔은 아니었다
신발이 그의 발을 옥죄지 않는 한
하나님의 이름을 입에 올린 적 없지만
그를 죄인이라 볼 수는 없네
참 안 되었지, 슐레이만 씨는

II

To be or not to be 같은 말은
그에게 아무 문제도 아니었지
어느 날 밤 잠자리에 들고는
다시 깨어나지 못했으니
사람들이 와서 그를 실어가고
씻긴 몸은 장례 의식에 따라 묻혔다

빚쟁이들이 그 죽은 소식을 듣게 되면

틀림없이 그의 빚을 탕감해주리라

빚의 문제로 볼 때……

어차피 그에게선 가져갈 것 하나 없었으니

III

그의 총은 창고로 가고

그의 군복은 다른 이에게 돌아갔다

배낭에는 이제 빵 부스러기 하나 남지 않았고

그의 수통에는 입술 자국조차 찾을 수 없다

바람이 불듯 그렇게 떠나고

유품도 이름도 남지 않았다

단지 찻집 벽난로 위에

그가 휘갈겨 쓴 시구가 남았을 뿐

"죽음은 신의 뜻이나,

내가 그대와 헤어지지 않았더라면"

내 근심은 다른 것

햇살 때문에 근심한다 생각지는 말아요
봄이 온다 한들
아몬드나무에 꽃이 핀다 한들
무슨 일이 있을까요
그 끝에 죽음이 있는 게 아니잖아요
차라리 반길망정 겁먹기나 할까요,
태양과 함께 다가올 죽음 같은 것에
해마다 4월이면 나는 한 살 더 젊어지지요
언제나 봄이면 더 깊은 사랑에 빠지지요
두려워하다니요?
아 벗이여, 나의 근심은 다른 것이랍니다

?

왜일까?
항구라 말하면
돛대들이 떠오르는 것은.
머나먼 바다라 말하면
돛이 떠오르는 것은.

왜일까?
3월이라는 말에는 고양이가,
권리라는 말에는 노동자가
마음에 떠오르는 것은.
그런데 늙은 방앗간지기는 어떻게
아무 의심도 없이 신을 믿을 수 있는 것일까?

그런데
바람 부는 날 비는
왜 이렇듯 비스듬히 내리는 것인가?

전쟁터로 가는 사람

전쟁터로 가는 금발의 젊은 사람아!
아름다운 그 모습으로 다시 돌아오라
그대 입술엔 바다의 향기,
눈썹 위에는 소금기 어려
전쟁터로 떠나는 금발의 젊은 사람아!

두통

1

제아무리 아름다운 거리라 해도
밤공기가 아무리 선선하다 해도
몸은 지쳐만 가고
두통은 멈추지 않는다

2

지금은 집으로 돌아가지만
잠시 뒤엔 다시 문을 나설 수 있겠지
이 옷과 신발은 내 것이니까
그리고 거리는 누구의 것도 아니니까

아침이 밝아올 때까지

저들 시인은 애인보다 나쁘지
얼마나 나를 고통스럽게 하는지
어찌 이럴 수 있을까,
시어의 비밀 속에서
온밤을 지새우게 하다니

들어보시기를
지붕들과 굴뚝들의 노래를
혹은
밀알을 집으로 싣고 가는
개미들의 소리를
그대는 그 소리를 들을 수 있는지?

해가 떠오르기를
기다리지 않으면 안 되는 것일까
소진된 시운을
문 앞 청소부 편에
바닷가로 보내기 위해서는

사탄이 속삭이기를
"창문을 열어젖혀라
소리쳐라, 소리쳐라, 소리쳐라
아침이 밝아올 때까지"

이스탄불을 위하여

4월
가능하지 않다,
시를 쓰는 일은
그대 사랑에 빠져 있으면
가능하지 않다,
시를 쓰지 않음도
달들 중에 4월에는

욕망과 추억
욕망은 다른 것
추억 또한 다른 것
말해보라,
태양 없는 도시에서
어떻게 살 수 있는지를

벌레들
생각하지 말 것
오직 간절히 바랄 것
보라, 벌레들도 그렇게 하고 있으니

초대
나 기다리고 있으니
그대는 와야 하리
놓쳐버릴 수 없는
아름다운 이런 날에는

얼마나 아름다운가

홍차의 빛깔은 얼마나 아름다운가
이른 아침 신선한 공기 속에서!
날씨는 얼마나 청명한가
어린 소년은 또 얼마나 귀여운가
아, 홍차는 얼마나 향기로운가

사랑에 사로잡힌 것인가?

나도 이토록 생각에 젖게 되어버렸나
나 역시 이렇게 잠 못 들게 되어버린 건가
이다지도 말 없는 사람이 되어버렸나
그토록 좋아하던 샐러드조차
입에 대지 않는
이런 일이 내게도 일어난 것인가

나의 배들

내 아랍 문자의 잎새들에
배들이, 돛을 단 나의 배들이 있다
그들은 야만인들의 고향으로 간다
볼펜으로 그려진
붉은 깃발의 나의 배들이
출렁이며 간다
내 아랍 문자의 잎새들에는
공주가 유폐된 탑*
나의 배들이 간다

---

* 크즈 칼레시kız kulesi. 공주의 탑을 말한다. 이스탄불을 가로지르는 보스포러스 해협에 위치한 작은 성탑이 있는 섬이다. 크즈 칼레시에는 여러 전설이 있으나 그 가운데 왕이 미천한 남자와 사랑에 빠진 자신의 딸을 섬에 가두어 죽게 했다는 이야기가 제일 유명하다.

아름다운 날들

이 아름다운 날들이 나를 망쳤지
이처럼 아름답던 어느 날에 일을 그만둔
나는 성실한 관리였네
이런 날에 처음 담배를 배웠고
이런 날이면 나는 사랑에 빠졌었지
집으로 빵과 소금을 가져가는 것도
이런 날에는 잊고 말았으니
으레 이런 날이면
시를 쓰려는 아픈 마음이 생겼네
나를 망쳤네,
이토록 아름다운 날들이

혼돈

어느 화살에 상처 입은 내 마음은
구두닦이의 구두 통 속에
나의 비둘기는 과자 속에
나의 연인은 뱃머리에
반은 물고기,
반은 사람
나는 사람일까
나는 정령일까
나는 대체 무엇일까

환각

옛사랑으로부터 벗어나니
이제 모든 여자들이 아름답다
나는 목욕을 하고
면도를 하고
새로운 셔츠를 입었다
모두 평온하기만 하여
봄은 왔나 보다
눈부신 햇살에
길을 나서자
사람들은 평안해 보이고
나 또한 평온하다

설명할 수 없네요

시어들 속에서 내가 운다면
그대 그 소리 들을 수 있나요
그대 손으로 만질 수 있나요
나의 이 흐르는 눈물을

몰랐어요
노래들이 이렇게 아름다운지
표현들이 이토록 부족한지
이 고통에 빠지기 전에는

어떤 장소가 있다는 걸 알지요
모든 말을 할 수 있는 곳
거의 다다른 듯 느낄 수 있네요
그러나 설명할 수 없네요

산딸기

올해 들어 처음 맺은 열매
세 개의 산딸기
한 해 더 지나면
다섯 개의 산딸기를 주리
인생은 길고
우리는 기다릴 수 있으니
무엇이 또 생겨 나올까

신성한 산딸기 열매!

전처

왜인지 알까, 당신은?
매일 밤 내 꿈에
당신이 나타나는 이유를
희디흰 시트 위에서 밤이면
왜 내가 악마에게 유혹받는지를
그 이유를 알까, 당신은?
나의 옛 아내여
내 그대를 아직 사랑하는 까닭이니

알고 있는지?
그대 얼마나 좋은 여자인지를

새들은 거짓말을 한다

믿지 마라 나의 외투여, 믿지 마라
새들이 속삭이는 소리를
비밀을 털어놓을 수 있는 이는
오직 당신이란 말을

믿지 마라 새들의 거짓말을
해마다 봄이면 속삭이는 이 말을
믿지 마라 나의 외투여, 믿지 마라!

페스티벌

배식표도 충분하고
석탄 배급권도 받았으니
이제 가난에 대해서 생각하지 말자
지어야 할 건물도 생각하지 말자
살아갈 날들은 충분하고 일할 힘도 있지
내일은 신의 몫
조금 견뎌보렴, 내 쾌활한 마음아

송시

그대 손에는 부르사*의 단검
그대 목에는 붉은색 스카프
수선화 꽃밭에서 그대
아침이 밝을 때까지 단장을 다듬네

나는 그대를 찬미하고
그대는 창가에 올라앉네

---

* Bursa: 터키의 유서 깊은 도시로 오스만 제국의 초기 수도.

불안하게 한다

편지를 받는 것은 나를 불안하게 한다
라크*를 마시는 것은 나를 불안하게 한다
길을 떠나는 것은 나를 불안하게 한다
이 끝이 어떻게 되는지 나는 모른다
우스크다르**에서 「나의 거위」를 노래하는 사람들은
나를 불안하게 한다

---

* rakı: 알코올 도수 40도인 터키의 국민주. 물과 섞으면 우유 빛깔로 변한다.
** Üsküdar: 이스탄불의 행정 구역 이름.

소문

거울 앞 그대 아름다움은 달라요
침실에서도 다르겠지요
소문이 떠돌까 걱정하지 말아요
저녁 산책 시간에
짙은 화장 화려한 차림으로
다과점으로 오세요
사람들이 수근거릴 테지만
그러라지요
우리는 연인이 아닌가요?

포기하지 못하는 것
1945

이 세계는 사람을 미치게 만든다

사람을 미치게 만든다, 이 세계는.
이 밤, 이 별들, 이 향기
나무에 온통 꽃들이 만개하였구나.

소설의 주인공

천막 위로 비가 내리고
사로스 만*으로부터 바람이 불어오고 있었다
그리고 나, 소설 속의 주인공은
이차세계대전의 가운데서
천장에는 올리브유 등잔불 밝혀놓고
건초 더미 위에 누워
내 삶의 목적대로 살기 위해 노력 중이었다
한 도시에서 시작되어
어느 곳 어느 날 의미가 다할지
누가 알 수 있을까

---

* Saros : 북 에게 해에 위치한 만(灣)으로, 터키 북서부 갈리폴리 반도 위에 있다.

턱수염

그대들 가운데 그 누가 나만큼
알고 있을까?
수박 초롱을 만드는 방법을
그 위에 자개 수놓은 단검으로
화려한 배 그림을 새기는 방법을
시를 짓는 일을
편지를 쓰는 일을
드러눕는 것을 또 일어나는 것을
그대들 가운데 누가 나만큼
알고 있을까?
이토록 오랜 세월
할리메*를 만족시키는 법을

보라, 내 턱수염이 센 것은
공연한 일이 아니었다

---
* Halime: 여자 이름.

여행
── 르프크 메리치에게

여행에는 그 무엇이 있기에
이 세상 혼자인 나를
매번 울게 하는 것일까
동녘이 붉게 물드는 어느 아침
나는 우준쾨프뤼*에서 길을 나선다
마부는 열네 살
마차를 끄는 말들의
방울 소리는 딸랑이고
내 곁에 앉은 소녀의 무릎이
내 무릎에 와 닿는다
스카프로 얼굴을 가렸으나
그녀는 정숙하지 않으니
내 마음은 유쾌해야만 하리
아! 내게 말해주렴
여행에는 대체 무엇이 있는지를

---

* Uzunköprü: 보스포러스 해협 동쪽에 있는 도시 이름.

이스탄불의 노래

저는 이스탄불 보아지치*에 사는
가난한 사람 오르한 웰리입니다
설명할 길 없는 슬픔 속에 있는
웰리 집안의 아들입니다

루멜리사르**에 앉았습니다
앉아서 노래 하나를 지었지요

"이스탄불의 대리석 길들:
갈매기들이 앉습니다
아, 내 머리 위에도 앉습니다
이별의 세월들이 눈에서 멀어져갑니다
매혹의 그대여,
그대로 인해 나는 이렇게 되고 말았군요"

---

* Boğaziçi: 보스포러스 해협.
** Rumelihisarı: 이스탄불에 있는 오스만 제국 시대에 만들어진 오래된 성곽.

"이스탄불의 중심가 극장:
나의 기이한 행색과 슬픔들을
내 어머니에게 말하지는 말아주세요
사람들이 떠들어대네요,
그대 누군가의 품에서 잠들어 있다고
하지만 그게 무슨 상관인가요?
사랑하는 그대여,
그 모든 것이 내 잘못이지요"

저는 이스탄불 보아지치에 사는
가난한 사람 오르한 웰리입니다
설명할 길 없는 슬픔 속에 있는
웰리 집안의 아들입니다

기차 소리

나는 이방인
이 도시에는
나를 위로해줄 아름다운 이도
낯익은 얼굴도 없네
어디선가 기차 소리 들려오네
내 눈은
두 줄기 흐르는 샘

아니라네

어떻게 설명해야 할까
알 수가 없구나
어떻게 나의 번민을
그대에게 말할까
그것은 가슴 저미는 아픔
그것은 나의 적이 가져야 할 고통
가슴 속 상처라고 말한다면……
그게 아니라네!
빵을 살 돈이라 말한다면……
그게 아니라네!
그것은 번민인 것을……

그것은 견딜 수 없는 무엇이라네

떠나기 바로 전

부귀 같은 것은 바라지 않았고
밝은 태양 아래
우리에게 주어진 몫에 만족했었다
행복하기를 바라지 않았고
희망만으로 만족했건만
무엇 하나 찾지 못하여
그저 슬픔만을 얻었구나
우리는 위로받지 못했으니
어쩌면 우리는……
이 세상에 없었던 것은 아닐까?

케샨*

1942년 8월 21일
공화국이라는 이름의 여관에서 보낸
그 밤은 얼마나 즐거웠던가
새벽에는 비가 내렸지

해가 뜨고 지평선은 붉게 물들고
뜨거운 스프가 오고
트럭은 집 앞에 와서 서 있다

배는 부르고
등은 따뜻하니
이제 에디르네**로 향해 가자

---

* Keşan: 에디르네의 시.
** Edirne: 이스탄불 북부에 있는 국경 도시.

손님

어제는 저녁까지 무척이나 지루했지요
두 갑이나 담배를 피웠더랬지요
글을 쓰려 했지만 손에 잡히지 않았습니다
난생처음으로 바이올린도 켜보았지요
거리를 배회하다가
사람들의 주사위 놀이도 지켜보았습니다
음정이 맞지 않는 노래도 불러보았지요
성냥갑 하나 가득 파리도 잡았습니다
이런 빌어먹을, 마침내
불쑥 여기로 찾아오고 말았습니다

나는 오래된 물건들을 산다

나는 오래된 물건들을 사서
그것으로 별을 만든다
음악은 영혼의 양식이라지
난 음악에 흠뻑 빠진다

나는 시를 쓰고
그것으로 오래된 물건과 바꾸고
또 음악을 산다

아, 내가 라크 술병 속 물고기라면

서사시처럼
1946

길의 노래들

"헤레케*에서 길을 나섰다
지나가는 이들에게 인사를 건네고
자, 이 세상에 온 기이한 시인인
나의 여행길에 평온이 깃들기를!"

이즈미트의 길들은 낙엽 속에 있고
머리 위에는 잊을 수 없는 청명한 하늘
혀끝에 맴도는 그 땅의 노래들
손을 주머니에 넣고서 거리를 서성일 때
가을, 이즈미트는 낙엽 속에 있네

"이즈미트** 다리는 콘크리트 다리
어떻게 가치를 모를 수 있으랴
곁에 누워 있는 이는
그대 밤낮 눈에 그리는 사람

---

* Hereke: 이스탄불 근방 이즈미트 만 북쪽에 위치한 도시. 카펫 생산지로 유명.
** Izmit: 이스탄불 남단에 있는 공업 도시.

심장이 타고 속은 뚫리는 듯한데
아 이런, 폐병은 가슴을 갉아드누나"

교장에게로!
운전수는 멈추고, 부설 학교인가요라고 말했지
교장의 이름은 슐레이만 에딥 선생이라네
하지만 여기서 멈추기로 하지
손에는 굳은살 얼굴에는 광채
내일의 희망으로 걷는 이들에게
안부 인사나 띄워 보내기로 하지

"섬 속 길에는 밤나무
아, 밤송이 하나둘 떨어지는데"
섬이란 아다파자르*를 말하는 거라네
운명의 수레바퀴 앞에서
술잔들은 금세 병이 되는구나

---

* Adapazarı: 터키 북서부에 위치한 사카리아 주의 주도(州都).

그렇지 않아도 근심스러운 그대
조심하렴, 달콤한 내 사랑아

관청 앞을 지나고 나서
나는 앉아 커피를 마셨지
헨덱*에서 아름다운 여자를 보고는
난 약혼녀를 버렸다네
헨덱의 길은 돌로 만든 길
그대 나를 타락시켰지

아침 일찍 깨어나게 되네 여행 중에는
떠오르는 해를 마주하면
걱정들은 조금 더 잊히고
망명 생활도 조금은 적응이 되지
해야 할 일들도 떠오르네

---

* Hendek: 터키 북서부에 위치한 사카리아 주의 도시.

"듀즈제*의 길은 바르게 가고
아, 매혹스러운 여인도 가네"

듀즈제 '푸른 고향' 호텔
맞은편에는 시장이 열리고
호텔 앞에는 살렙**을 파는 이 있네

또 슬픔 가득한 밤을 보내고
부른 나의 노래들은

"집들의 얼굴에는 꽃가루
양심 없는 마음에는 쓰라린 아픔
내가 들은 것보다 나쁜 말을 듣기를"

익숙해지지 않을까

---

* Düzce: 터키 북서부에 위치한 듀즈제 주의 주도.
** Salep: 곡물과 우유로 만든 달콤한 음료.

잊을 수 없을까
해 진 후에 잠들고
동트기 전 일어나
창밖을 내다보니
초록빛 가득 지평선이 밝아와
연인아, 하고 불러보았네
그녀는 지금 깊은 잠에 빠져 있으리
갈라타 다리*는 이제 열리고 있겠지
잿빛 물에 때 묻은 햇살이 쏟아지려 하네
작은 기선, 바지선, 보트 들
항구에서 차례를 기다리는 배들 사이로
사람들은 생존의 싸움을 하고 있구나
남자, 여자, 아이 들
손에는 도시락을 들고
전매청으로 출근하는 여공들

---

* Galata: 16세기 이스탄불 골든 혼에 건립된 오래된 다리.

"볼루*의 어르신께 내 안부를 전하오
저 산들에 올라 몸을 의지하리
화살이 날아오는 소리에
방패에 부딪치는 소리에
산들은 메아리로 대답해야 하네"

헤이, 헤이
헤이 산들아, 산들아, 볼루의 산들아
비켜다오, 볼루의 어르신들! 내가 가니
높은 곳에서 부는 바람은
사람에게 이렇듯 소리치게 하네
돌아 돌아 비탈길을 오르니
그 뒤로 다시 돌아 오르는 길
이사 발리 뒤로
하놀루 코자베이 나타나고
아이와즈, 호일루도 나오네

---

*Bolu: 터키 북부에 위치한 볼루 주의 주도. 이 지역은 높은 산들과 호수로 유명하다.

벼랑 뒤로 쿄롤루*가 나타나
"곧바로 네게 몸을 기댔네
아, 산들아!
내 등이 너요 내 성채가 너이니"

잿빛 말에게 발굽이 남아날까
봉우리들이 잠에서 깨어나니
땅과 하늘이 붉게 물드네
이 산들을 넘지 않았다면
이 물들을 맛보지 않았다면
살았다는 말을 마오, 사람들아
손과 이가 시린 샘물가에
아름드리 미루나무들이 누워 있구나
평원으로 목재를 실어 나르는
마차들로부터 나지막히 소리 들려오는구나

---

*이상 볼루 지역의 산 이름들.

"마부들은 막대로 소를 몰고
마차들은 평원으로 짐을 내리는데
하늘을 못 볼 만큼 어지럼증 나네"

마부가 어찌 자기 소에 해를 끼칠까
있는 거라곤 겨우 두 마리의 소
시집갈 나이의 딸 하나
세 마리의 어린 양뿐
모든 것들은 비싸기만 한데

길에서 우편으로 소식 전하네
사랑스런 장미 같은 엽서야
친지들에게 안부 전해다오
도회지 사람이 판결문을 도 당국에 전달하자
시청에는 라디오가 설치되었다지
지금까지 뉴스를 요약하면……
이러저러하다는데
카라보르사*에서 우리는 휘발유를 한 통 사고는

"견뎌보자"고 말했네

게레데**의 길
레샤디예 호수는
사람들이 시인이 되어
시를 읊조리게 하는 그런 호수라오

저녁이 와 다시 사위를 억누르고
나는 산마루에 앉아
지나간 일들을 떠올렸네
군인으로 아딜한이란 시골에 있던 무렵
오늘 같은 이런 저녁이면
가슴 가득 이스탄불에 대한 향수에 젖어
생각에만 빠져들곤 했었지

---

* Karaborsa: 암시장.
** Gerede: 볼루 주의 동북부에 위치한 도시.

"이 산들은 코루의 산들이 아니네
이곳은 아딜한 지방도 아니네
이 방앗간이 페르하트 아아*의 방앗간도 아니지
이 노래가 슬픈 것도 아니네
허기지고 목마른 것도 아닌
향수에 젖은 이방인도 아닌 나는
무엇보다 해가 저물면
어느 식당에 들러
오늘 저녁도 거기서 술을 마시려네
특히 할리치**의 기선이
부두에 도착하고 승객들이 내리는
지금이 에윱***의 가장 아름다운 시간이지"

이제 으브르즉이란 산골 마을을 보게 되는구나

---

* Ağa: 마을의 부족장이나 권력가 혹은 어른.
** Haliç: 이스탄불 골든 혼의 지역 이름.
*** Eyüp: 이스탄불의 골든 혼 인근 지역 이름. 유명한 이슬람 순례지 가운데 하나로 에윱 술탄 모스크가 있고 골든 혼이 내려다 보이는 카페들이 즐비한 곳.

안녕하세요, 커피 가게 아저씨
안녕하신가, 젊은 친구
환자 한 사람이 차를 기다리고 있다는군
카페 나무 벤치에서는 겨름 냄새가 나는데
사람마다 걱정거리는 다 다르지
친구, 고향이 어딘가?
시놉*이오

"이런 이런, 대체 뭐란 말인가
이것이 내 운명이었네
연인을 두고 또 다른 이를 사랑하다니
불로 만든 셔츠를 입는 듯했소"

게레데에 도착한 것은 바로 일요일
보도에는 요염한 여인들이 거니네
노스텔지어가 언제까지 갈지 나는 모르오

---

* Sinop: 흑해 연안의 항구도시. 잎담배 산지로 유명하며 디오게네스의 출생지이기도 하다.

심장은 타고 폐는 구멍투성이네
아아, 폐병이 내 생명을 갉네

종굴다크*을 향해 가는 길
산꼭대기를 지나갈 때
갑작스레 바다를 보게 되겠지
바다와 하늘이 함께 보일테지
멀리서 북풍이 불어온다네
바람도 우리도 여행자네
우리는 북풍과 입을 맞출 거라오
햇빛 화창한 어느 날에
우리는 흑해의 짙푸른 빛을 보게 되리
발카아에서 카푸즈까지
그 도시를 세세히 알게 될거야
에키**의 꽃 가득한 정원들

---

* Zonguldak : 터키 북부 흑해 연안의 석탄 생산지.
** Eki : 종굴다크의 지역 이름.

항구로 석탄을 실어가는 객차들과
퇴근 시간에 길을 가득 메우는
창백한 안색의 사람들을

"종굴다크의 시냇물이 검게 흘러나온다
검은 얼굴*이 아니라 검은 석탄이지
생계를 위한 돈은 이렇게 버는 것이네"

배들이 있었네, 항구에는
저마다 다른 수평선을 향해 가네

---

* 검은 얼굴 yüz karası은 수치, 불명예를 의미한다.

새로움
1947

회상

내 이마에 난 칼의 흉터는
당신 때문이라네
내 담배 케이스는 당신 선물이었지
그대 보낸 전보에 적혀 있었지
"무슨 일이 있더라도 와야 해요"
내 그대를 어찌 잊을까
거리의 여인이여

금니를 가진 나의 연인

오라, 나의 연인아
나의 곁으로 오라
너에게 비단 양말을 사주리라
택시에 너를 태우고
클럽으로 데려가련다
오라
내 아름다운 금니의 연인아,
짙은 마스카라와
곱슬머리 파마
코르크 굽의 구두를 신고서
나의 창녀여
여기로,
내게로 오라

이유가 있으리

이 바다는 매일 이처럼 아름다운 것일까?
하늘은 언제나 이렇게 보이는 것일까?
이 가구, 이 창문이
언제나 이렇게 아름다운 것일까?
아닐 것이다
결코 아닐 것이다
여기엔 어떤 이유가 있으리

무대의 시

안주들은 가지가지 놓여 있고
술잔들 가운데 한 잔이 오고 한 잔이 간다
나의 한 연인은 무대에서 노래 부르고
또 다른 이는 내 곁에 앉아
그녀를 질투하며 술을 들이킨다
질투 마라 사랑하는 이여, 부러워 마라
당신의 자리는 다른 자리
그녀의 자리도 다른 자리

속에

햇살 속에
우리의 바다들이 있습니다
잎새들 속에
우리의 나무들이 있습니다
아침이 가고 밤이 가고
가고는 다시 옵니다
우리의 바다와 나무들 사이에
가난함 속에

핀셋의 시

핵 문제가 어떻든
런던 회담이 어떻게 되든
그녀의 한 손엔 핀셋
다른 손엔 거울
세상이 무슨 상관이람!

산비둘기를 위한 시

한동안 창문으로는
아무 소리도 들려오지 않았지요
비둘기 소리도, 산비둘기 소리도
내 속엔 다시
무엇인가 방랑벽이 일었지요
이것은 해초 향인가
하늘을 떠도는 갈매기 울음인가
대체 무엇일까요
길을 떠나야 합니다, 다시 길을

아, 나의 젊음은 무엇이었나

그런데 이 우울함은 왜일까
술을 마시며 울었고
멀리 있는 것들을 그리며 노래 불렀지
일주일이 8일인듯
난 주연(酒宴) 속에 있었네
오늘은 사즈*를 켜고
내일은 영화관에
모두 싫증이 나면 가족 공원으로 갔지
누구나 알던 나의 연인
나의 연인
흠뻑 사랑에 빠져
그녀를 위해 무릎 꿇고서
무엇을 하든 기쁨을 느꼈네
그런데
그런데
이 우울은 왜일까

---

* saz: 만돌린과 비슷한 터키 고유의 현악기.

바다를 그리는 이들을 위해

내 꿈에는 배들이 떠돈다
화려한 색의 배들은
지붕 위를 떠가는데
불행한 나,
해마다 바다를 바랐으나
"그저 바라만 보며 눈물 흘리니"

조개 껍질 사이로 엿본
그 첫 세상을 나는 기억한다
짙푸른 하늘과 파란 물
농어들이 뛰어 이는 잔물결
굴 껍질에 베인 자리엔
아직도 피가 흐르는데

우리는 새하얀 포말을 일으키며
얼마나 미친 듯 바다 위를 질주했던가
포말은 결코 악의를 가지지 않았으니
그것은 마치

사내들과의 부정에도
부끄러움이 없는 입술과 같으니

내 꿈에는 배들이 떠돈다
지붕 위로 떠가는 화려한 빛깔의 배들
그리고 불행한 나,
해마다 바다를 갈망하니

카팔르 차르쉬*

벽장 속에 있는
입지 않은 옷들이 어떤 냄새를 내는지 알거야
당신의 상점에서도 그런 냄새가 나지
아마도 당신은 내 누이를 만난 적이 없겠지
만약 살아 있다면 자유의 신부가 되었을 것을
이 실들은 그녀의 실들
이 면사포도 그녀의 것
그런데 저 창가의 여자들은?
저 새파란 치마를 입은 여자
저 짙푸른 초록의 치마를 입은 여자……
밤에도 저 여자들은 저렇게 서 있는 것일까?
그리고 저 핑크빛 블라우스는?
저것도 어떤 이야기를 가지고 있을까?
저 숨 막히는 시장이라 말하며 지나치려 말게
카팔르 차르쉬
닫혀버린 상자여

---

* Kapalı çarşı: 그랜드 바자르(거대한 시장)라고도 불리는 이스탄불 최대의 유개(有蓋) 시장이다. 터키어로 카팔르Kapalı는 '닫혀 있는, 덮여 있는'이라는 의미이다.

죽음 가까이

병든 이의 침상
창문 틈으로 어둠 스미는
겨울 어스름 녘에는
정녕 외로운 사람은 나만이 아니리
바다도 하늘도 어둡기만 한데
새들도 수상히 떠도는데

겨울 땅거미 스며드는 때엔
이 가난함과 홀로됨을
나는 보지 않으련다
나도 많은 사랑을 거쳐 왔으니
이름과 여인과 돈을 찾아 떠돌았거늘
사람들은 세상을
그저 시간 속에서 깨닫거늘

죽는다 하기에 이리 슬퍼하는 것인가
무상한 세상에서
우리는 고통스럽지 않은

무엇을 하고 또 보았던가

죽음에 이를 때에야
우리는 더러움을 씻으리
죽음에 이를 때에야
우리도 좋은 이웃이 되리
이름과 여인과 돈을 찾아 떠돈
모든 기억들도 그때는 지워지리라

종소리의 시

우리 사무원들은
아침 9시, 12시, 5시면
큰길에 서로 부딪칠 듯 넘친다네
전능하신 신은 그저 이렇게
우리들의 운명을 적으셨구나
퇴근 종소리만을 기다리네
아, 월급날만을 기다리네

두근거리는 시

어느 날 아침 잠에서 깨어보니
내 속에 태양이 있었습니다
나는 새가 되고 잎새가 되어
봄의 미풍에 두근거리고 있었습니다
나는 새가 되고 잎새가 되었지요
모든 사람들이 반대해도
나는 새가 되고 잎새가 되었습니다
나는 새가 되고
잎새가 되었지요

요염히 눕다

그녀는 몸을 늘이고 나른히 누워 있다
그녀의 치마가 조금 말려 올라갔구나
그녀가 팔을 올리니
살며시 겨드랑이 비치는데
한 손으론 자신의 가슴을 보듬는구나
나는 안다,
그녀 안에 나쁜 마음이 없음을
나는 안다,
나 역시 그런 생각을 품지 않음을
그러나……
저러면 안 되네
저렇게 요염히 누워선 안 되지

황금의 산

황금의 산이라는 이름의 알튼다아는 앙카라 외곽지대에 생겨난 빈민촌이다.
여기 작은 시편은 이 가난한 동네에 대한 길고 긴 시의 한 부분이다.
새벽이 되면 알튼다아의 모든 사람들은 꿈을 꾼다.
하지만 여기에 쓰인 것은 한 소녀와 하수도 청소부의 꿈일 뿐이다.

한 사람은 신랑을 본다, 자신의 꿈에서
월급을 많이 받는 멋진 사내
결혼을 하고 그들은 도시로 간다
즐거운 보금자리란 이름의 아파트 지하층
성냥갑 같은 아파트에 살아도
편지들은 날아든다
그녀는 더 이상 날품팔이나 유리 닦이 일을 하지 않는다
이제 그녀가 씻는 식기들은 모두 그녀의 것이다
그들은 훤하게 잘생긴 애들을 낳고
중고 유모차를 사서는
매일 아침마다 아이를 놀이터로 데려간다
모래밭에서 꼬마 용사는
마치 부잣집 아이처럼 논다

하수구 청소부는 목욕탕 꿈을 꾼다
그것은 꿈 중에 가장 멋진 꿈

그는 커다랗고 뜨거운 대리석 판 위에 등을 대고 눕는다
때밀이들이 와서는 그의 옆에 일렬로 늘어선다
한 명은 물을 끼얹고
또 한 명은 몸에 비누칠을 해주고
또 한 명은 때수건을 손에 들고 기다린다
새로운 손님들이 들어올 때가 되면
하수구 청소부는
목화처럼 깨끗한 몸으로 나가리라

마주 서서
1949

해가 솟는다

해가 솟으면 가고 싶은 곳으로 가련다
바다로부터 새로 걷어 올린 그물 냄새 속에서
바람 따라 변하는 새들의 뒤를 따라가며
저 섬은 그대의 것, 이 섬은 나의 것

상상할 수 없는 세계가 있어
연기는 대지로부터 소리치며 피어오르고
꽃들은 소란스레 꽃잎을 여는데

무엇보다도 갈매기들, 갈매기들의
깃털 하나하나마다 조급함이 묻어난다

해가 솟는다, 머리끝까지 파아란
해가 솟는다, 온통 햇살들로 가득한
미쳐가는 듯이 해가 솟는다

여러분을 위하여

당신을 위해서입니다, 인류 형제여
모든 것이 당신을 위해
밤도, 한낮도 당신을 위해
대낮의 빛도, 밤의 달빛도
달빛에 비친 나뭇잎도
당신을 위한 것입니다
그 잎새들에 어린 경이로움과 지혜
햇살 가운데 영롱한 수만의 초록
노랑과 분홍 들도 모두 당신의 것입니다
손바닥에 닿는 살결의 이 감촉
따스함과
부드러움과
드러누울 때의 편안함
모든 만남의 인사들도 당신을 위해
항구의 돛대들도 당신을 향해 나부낍니다
하루하루의 이름들
달의 이름들
보트들의 색채도 당신을 위한 것입니다

우편배달부의 발
옹기장이의 손
이마에 맺힌 땀방울
전장에서 발사되는 총탄도
무덤들과 비석들도
모두 당신을 위한 것입니다.
감옥, 수갑, 사형선고 들도
당신을 위해서지요
이 모든 것들이
당신을 위한 것입니다

이스탄불을 듣는다

이스탄불을 듣는다, 두 눈을 감고서
부드러운 바람은 불어오고
숲 속 나뭇잎들은 가볍게 살랑인다
저 멀리에선 물장수들이 흔드는 쉼 없는 종소리
이스탄불을 듣는다, 두 눈을 감고서

이스탄불을 듣는다, 두 눈을 감고서
새들이 하늘을 지날 때
하늘 저 높이에서 무리지어 울 때
그물은 바다에서 당겨지고
한 여인은 물에 발을 담근다
이스탄불을 듣는다, 두 눈을 감고서

이스탄불을 듣는다, 두 눈을 감고서
시원스런 카팔르 시장과
몹시도 붐비는 마흐뭇파샤 장터
비둘기 떼 가득한 광장에
선창가로부터 들려오는 망치 소리

사랑스런 봄바람에 실려오는 땅 냄새
이스탄불을 듣는다, 두 눈을 감고서

이스탄불을 듣는다, 두 눈을 감고서
아득한 옛 추억에 취해
어두운 보트 창고를 가진 해협 저택들과
잦아드는 남풍의 속삭임 속에서
이스탄불을 듣는다, 두 눈을 감고서

이스탄불을 듣는다, 두 눈을 감고서
아리따운 아가씨는 총총히 보도를 걸어가고
거친 외침과 노랫소리, 휘파람 소리
무언가 그녀의 손에서 떨어지는 것은
아마도 한 송이 장미
이스탄불을 듣는다, 두 눈을 감고서

이스탄불을 듣는다, 두 눈을 감고서
한 마리 새는 그대 치마 위에 파닥거리고

그대 이마의 따스함과
그대 입술의 촉촉함을 나는 안다
피스타치오 나무 뒤로 하얀 달은 떠오르고
나는 안다, 두근거리는 그대 가슴을
이스탄불을 듣는다, 두 눈을 감고서

자유를 향하여

동이 트기 전
바다가 아직 눈처럼 새하얄 때
그대는 출항하리
노를 움켜쥔 힘찬 손바닥
마음속 가득 노동의 기쁨을 안고
그대는 나아가리
그물의 거친 흔들림 속에서
그대는 가리라
그대의 길에 물고기들 나타나
그 환대에 그대 기뻐하리라
그물들이 흔들릴 때
무수한 비늘을 날리며
그대 손에 바다가 들어오리
바위투성이 공동묘지에서
갈매기들의 영혼이 침묵하는 때
그러나 갑작스레
수평선들은 소란스러워지는데
인어들인 것일까 새들인 것일까

명절의 축제들일까 기쁨에 찬 환희일까

신부를 따르는 가면무도회의 행렬들일까
보라!
그대 무엇을 주저하는가
바다로 뛰어들어라
뒤에서 기다리는 것들을 염려치 마라
그대의 눈에는 보이지 않는가
사방은 자유로 가득하다
돛이 되어라
노가 되고 키가 되어라
물고기가 되고 물이 되어라
나아가라
그대 이를 수 있는 곳까지

갈라타 다리

다리 위에 서서
행복하게 모두를 바라본다
어떤 이들은 부드럽게 노를 젓고
어떤 이들은 부교에 붙은 조개를 주우며
어떤 이들은 나룻배의 키를 잡고
어떤 이들은 부두 노동자들,
선창가에서 밧줄을 당기니
어떤 이들은 새 되어 시처럼 날고
어떤 이들은 물고기 되어 물 위에 반짝인다
몇몇은 여객선이 되고
몇몇은 부표가 되며
몇몇은 하늘의 구름 같아라
몇몇은 또 커다란 증기선
굴뚝을 낮추고
빠르게 다리 밑을 지난다
몇몇은 휘파람 소리 되고
몇몇은 연기 되어 피어오르는데
그러나 그대, 그대들은 모두

삶 속에 허덕이고만 있으니
이 가운데 즐기는 사람 오직 나뿐인 것인가
그러나 그리 걱정하지 말지니
언젠가 때가 이르면
나는 그대들을 위한 한 편 시를 쓰리라
다만 몇 푼의 돈만 있다면
나도 이 허기를 속이련만

마주 서서

떠오르는 태양 앞에서
기지개를 켜라 몸을 펴자
들려줄 수 있다면
사람들 앞에서 들려주자
손과 팔에 넘치는 힘을

보라, 세상은 화려한 빛 속에 있다
이 아름다운 세상 속에
인류 앞에 마주 서서
행복할 수만 있다면 행복해라

쉬지 않고 돌아가는 시계들 속에는
톱니바퀴들이 마주 보고 있으니
그 톱니바퀴들 사이에서
힘 약한 것이 강한 것에 마주하듯
모든 것들은 무언가에 마주 서 있다
작은 소녀가 침대에서 잠 속에서
꿈과 마주하고 있듯이

기지개를 켜라 몸을 펴자
떠오르는 태양 앞에서

건달 마흐무트

내가 하는 일이란 바로 이것,
당신들이 자고 있을 때
매일 아침 하늘을 색칠하는 것
그대 일어나보면, 하늘이 파랗지

때로 바다가 찢길 때
누가 깁는지 그대 모르겠지만
그것도 내가 하는 일

가끔은 우스갯소리도 하지
그것 역시 나의 의무
머릿속에 있는 머리를 떠올리고
배 속의 배를 생각하고
내 발 속 또 다른 발을 생각하지만
또 어떤 엉뚱한 일을 할지 나도 모른다

봄의 첫 아침에는

이런 아침이면
나는 깃털보다 가벼워지오
길 건너 지붕 위에는 한 줄기 햇살
마음속 지저귀는 새들의 노랫소리에
흥에 겨워 길을 나서니
내 마음 봄날에 취해 어지럽다오

생각건대 언제나
아름다운 날들이 이어지리
모든 아침은 이 같은 봄날이리니
직업이 없다는 것도 가난함도
내 마음에 담지 않으리
소리쳐 외치니
멈추어라, 근심이여!
시인이라는 사실만으로도
나는 위로 받으리니

외로움을 위한 시

홀로 되지 않은 사람들은 모르지
정적이 얼마나
사람을 무섭게 하는지를
그들은 모르지 홀로 된 이들이
어떻게 스스로 대화하는지를
그 누군가를 그리워하여
어떻게 거울로 달려가는지를

이별

떠나는 배의
뒷모습을 바라보고 있소
난 바다에 뛰어들 수 없지
세상은 아름다우니까
게다가 난 남자이기도 하지
난 울 수가 없다오

안에서

창은
모든 것 중 으뜸가는 것
적어도 그대
사방의 벽을 응시하는 대신에
날아가는 새를 볼 수 있으리

느낌 속에서 보라

하나의 느낌 속에서 보라
가지에서 톡톡 열리는 피스타치오의
소란스러운 소리를 보라
무슨 일이 일어나는지를 보라
하나의 느낌 속에서 보라
저 내리는 빗소리를
울리는 종소리를
이야기를 나누는 사람의 목소리를
하나의 느낌 속에서
해초 내음과
바닷가재와 새우의 냄새
바다로부터 불어오는 바람의 향기를 보라

무료

무료로 살고 있습니다 우리는
무료입니다
하늘도 무료 구름도 무료
시내와 언덕도 무료
비도 흙도 무료
자동차의 바깥
영화관의 입구
상점의 진열장들도 무료
치즈와 빵은 아닙니다만
씁쓸한 물은 무료
두당 가격으로 치는 자유
구속도 무료
무료로 살고 있습니다 우리는
무료입니다

조국을 위해

저 조국을 위해
우리들이 하지 않은 것이 무엇인가!
우리들 가운데 누가 죽었는가
우리들 가운데 누가 앞서 선동하였는가

아흐메트들*

우리들 중 누구는 아흐메트 씨
우리들 중 누구는 아흐메트 선생
흠, 그럼
우리들 중 누가
아흐메트 어르신이고 아흐메트 각하인가?

---

*Ahmet: 터키에서 가장 많이 사용하는 남자 이름.

에롤 귀네이 네 고양이

*에롤 귀네이 네 고양이의 봄철과 사회문제들에 대한 태도에 관한 시

한 마리 수코양이와 한 조각 간이
세상으로부터 기대하는 모든 것
얼마나 좋은가!

*에롤 귀네이 네 고양이의 임신을 설명하는 시

봄날 골목을 나다니더니
자 봐라, 고렇게 되었구나
그렇게 누워 있는 자리에서
곰곰이 골치 좀 썩고 있거라

벼룩의 시

이것은 무슨 괴상한 퍼즐인가
밤낮을 해도 끝이 없구나
의사도 선생도 이해하지 못하는
우리의 고통을 누구에게 호소할까

어떤 이는 일 때문에 정신을 못 차리며
어떤 이는 엉덩이에 걸칠 속옷도 없구나
입과 코 그리고 귀도 있지만
그 모양이 모두 제각각으로 생겼으니

어떤 이는 예언자를 믿고
어떤 이는 금줄 달린 시계를 차고
어떤 이는 서기가 되어 글을 쓰는데
어떤 이는 길거리에서 구걸을 하는구나

어떤 이는 옆구리에 칼을 차며
어떤 이는 펼쳐지는 세상을 구경하며 어울리고
밤에는 여자들을 쫓아다니고

낮에는 아버지를 위해 선한 일을 하는구나

이런 법칙대로 계속되는 것일까
벼룩들이 코끼리들을 삼킬 것만 같구나
일곱 사람이 살고 있는 집에
세 장 반의 배급 식량으로 충분할까

정말 복잡하기만 한 일인데
펜은 광기에 사로잡혀 써대는구나
대체 무엇을 쓴 건가? 한 뭉치
뒤죽박죽 엉망인 글이구나, 펜아

시집에 실리지 않은 시들
생전에 발표된 시들

물장수의 노래

나귀를 앞세우고 물을 나른다
이랴 나귀야, 이랴
하루 천 사람의 생명에 생기를 주지
이랴 나귀야, 이랴

한 켠에 물통 둘
다른 한 켠에도 두 통의 물
흔들흔들 흔들려가며
하루 천 사람의 생명에 생기를 주지

이 세상에서 내가 가진 것은 단지
아내와 나귀와 아들
이랴 나귀야, 이랴
신께서 그대들에게 긴 수명을 주시기를
그대들이 죽는다면
내 더 무슨 힘으로 살까
이랴 나귀야, 이랴

물 짐 지는 일은
내게는 기름과 꿀이 되고
아내에겐 젖이 되네
흙탕물은
마시는 이들의 건강에 좋다네
하루에 백 집 천 명의 사람들
이랴 나귀야, 이랴
생활을 가져오고
건강을 가져오고
풍요를 가져오네

파도

I
자신의 행복을 상상하기 위해
종이도 펜도 필요하지 않으리
손가락 사이에 담배를 끼운 채
내 앞에 놓인 그림
그 푸름 속으로 뛰어들리라

나는 간다, 바다가 나를 이끄니
바다는 당기고 세상은 붙잡는데
술 같은 무언가가 있어
이 공기 중에 무엇인가 있어
사람을 미치게 하고 취하게 하는 것인가?

나는 안다, 거짓말 모두 거짓말임을
내가 배가 되고 보트가 되었다는
그런 따위의 말은 모두 거짓말
내 갈비뼈에 와 닿는 물의 차가움
하늘에서 웅웅거리는 바람

몇 주일째 사라지지 않는 엔진 소음도
모두 거짓말

하지만 다시
다시 또 좋은 시절을 보낼 수 있으리라
이 푸르름 속에서
물 위를 떠다니는 수박 껍질과 다름없이
하늘에 가지를 드리운 나무와 다름없이
매일 아침 자두들을 감싸는 안개와 다름없이
아지랑이, 연기, 빛, 향기와 다름없이
지낼 수 있으리

II

종이도 펜도 충분치 못하지,
자신의 행복을 상상하기 위해서는
이런 것들은 모두…… 모두 허튼 말들
난 배도 보트도 아니라네

나는 어느 다른 곳에
어느 다른 곳에 있어야만 하네
수박 껍질처럼,
빛, 연기, 안개처럼……
사람처럼

꼬리 있는 시

우린 어울리지 않아요, 길이 다른 거죠
당신은 정육점의 고양이, 난 도둑고양이
당신은 통조림을 먹고
난 위험천만한 것을 먹지요
당신은 사랑을 꿈꾸고 난 뼈를 꿈꾸지요

하지만 친구여, 당신의 삶도 쉽지만은 않지요
그래요 쉽지 않지요
축복받은 모든 날들에 꼬리를 살랑여야 하니까요

대답

정육점 고양이로부터 도둑고양이에게로

자네는 배고픔에 대해 언급하는군
말하자면 자넨 공산주의자라네
그건 모든 건물들을 불태운 게 자네란 말이지
이스탄불의 건물들도 자네가
앙카라의 건물들도 자네가……
자네는 돼지 같은 놈이라네!

평온

이 싸움이 끝난다면
배고프지 않다면
피곤하지 않다면
요의가 없다면
졸음이 오지 않는다면
이라고 말하는가

차라리 죽고 싶다고 말하게!

모험

내가 어렸을 때, 아주 어렸을 때
바다에 낚시를 던졌더니
고기들이 떼 지어 몰려왔지
난 그때 바다를 보았던 거야

꼬리 달린 연을 만들었지
무지개색 꼬리를 가진
면사포 베일 같은 연을
하늘로 놓아주었지
난 그때 하늘을 보았던 거야

어른이 되고 일을 얻지 못하고
배고픔 속에 있었지
돈을 벌어야 하기에
사람들 속으로 들어갔지
난 그때 사람들을 보았던 거야

바다들도 하늘도 여인들도

그 무엇도 버릴 수 없지만……
내가 마지막 본 것을,
나의 생활고를 버릴 수는 없지

보고 또 보아야 하는
그저 불행한 시인의 운명이라 말이지

갑자기

모든 것들이 갑자기 생겨났지
햇살이 갑자기 땅 위로 쏟아져 내리고,
하늘이 갑자기 생기고
푸른빛도 갑자기
모든 사물이 갑자기 생겨났지
갑자기 연기가 땅 위로 피어오르기 시작했고
갑작스레
싹이 트고 새순이 돋아나며
과일이 생겨났지

갑자기
갑자기
모든 사물들은 갑자기 생겨났지
소녀도, 아이도
길과 목장, 고양이, 사람 들도……
갑자기 사랑이 생겨난 거지
그리고 기쁨도 갑자기

인어 아가씨

바다에서 금방 나온 듯한 그것은 무엇이었나?
머리카락들도 입술도
아침까지 바다 냄새로 가득했다
오르내리는 가슴은
마치 바다와 같았다

나는 안다, 그녀가 가난했음을
— 그러나 그녀의 가난함에 대해
계속 말하지 않으련다—
내 귓가로 살며시 다가온 그녀는
사랑 노래를 불러줬다

바다와 함께 힘겹게 보낸 삶에서
무엇을 보고 무엇을 배웠는지 그 누가 알까!
그물을 고치고 그물을 던지고 그물을 당긴다
낚싯줄을 만들고 미끼를 빼내고 나룻배를 청소한다
가시 있는 물고기들을 떠올리게 하려고
그녀는 자신의 손으로 내 손을 만졌다

그날 밤 나는 그녀의 눈 속에서 보았다
맑은 바다에서 해가 얼마나 아름답게 떠오르는지를
그녀의 머리카락은 내게 파도에 대해 알려주었고
꿈속에서 나는 그 파도에 휩싸이고 멈추곤 했다

시집에 실리지 않은 시들
유고시들

도착의 시

이스탄불로부터 마르멜로도 오고 석류도 오네
돌아보니 매혹적인 여인이 오네
온다 하니 가난도 오누나
매일같이 빚쟁이들이 오고
어머니, 어머니
이젠 견딜 수가 없네요
이런 모든 일들이
제게 고통을 안겨주네요

사랑 행렬*

첫번째 그녀는 날씬했네
여윈 나뭇가지 같은 소녀였지
지금은 아마도 상인의 아내가 되었으리
살이 많이 올랐을지 모르지만
그렇다 해도 다시 보고 싶구나
쉽사리 잊혀질까? 첫사랑인데

두번째는 연상의 뮤네벨 누나
쓰고 또 써서 정원으로 던졌던 편지들
읽을 때마다 그녀는
멈추지 않고 웃어댔었지
난 오늘인듯 얼굴이 붉어지는구나
그 편지들을 떠올릴 때마다

······나오는구나

---

* 이 시는 시인이 죽고 나서 발견한 것으로, 그의 주머니에 칫솔과 함께 싸여 있어서 군데군데 잘 알아볼 수 없는 부분들이 있다. 그런 부분들은 '······' 로 표시했다.

……마을에 머물곤 했지, 우리는
……그런데도
……벽마다 연이어 쓰여 있었지
……불탄 폐허에

네번째는 관능적인 여자
스스럼없이 내게 모든 걸 얘기했고
어느 날엔 내 앞에서 옷을 벗었지
많은 세월이 흘렀어도 잊을 수가 없구나
몇 번이나 꿈결에 보았다네

다섯번째 여자는 그냥 지나서
여섯번째 여자에게로 가련다
그녀의 이름은 누린니사
아, 나의 아름다운 연인
아, 갈색 피부의 연인
내 마음 깊은 속 누린니사

일곱번째는 우아한 여인, 알리예
하지만 제대로 맛을 느낄 수 없었지
모든 우아한 여자들처럼
목걸이와 밍크코트면 될 여자였다네

여덟번째 그녀는 더러운 물
다른 부인의 정조을 헐뜯으면서도
자신의 순결을 말하면 화를 냈지
더군다나
끝없는 거짓말을 늘어놓고서

아이텐이구나, 아홉번째 이름은
바에서 일했던 그녀는 테이블의 노예
바에서 나오면
누구든 원하는 남자와 잤다네

열번째 여자는 똑똑했지
······그녀는 떠났지······

하지만 그녀의 잘못은 아니었네
잠자리를 같이 하는 것은 부자들의 몫
일없는 이들의 몫이겠지
두 마음이 하나 되면
더 이상 바랄 게 없겠지만
발가벗은 두 몸에겐
목욕탕이 더 어울릴지 모르지

열한번째 그녀는
일을 사랑하는 여자였네
그럴 수밖에 없었지
폭군 같은 사람 밑에서
일하는 그녀는 일용노동자
……렉산드라
밤이면 내 방으로 오고
아침까지 머물렀지
독주를 마셔 술에 취하고
새벽같이 일어나 일을 시작했었네

이제 마지막 그녀
그녀만큼 내가
빠져들었던 사람은 없었지
그녀는 그저 여자가 아니었네
그녀는 사람이었네
어떤 고상한 어리석음도
어떤 물욕도 없었지
우리가 자유로워진다면
우리가 평등해진다면 하고 말했었지
삶을 사랑하는 만큼
사람을 사랑할 줄 알았네

구멍투성이 시

포킷도 구멍 재킷도 구멍
소매도 구멍 가운도 구멍
팬티도 구멍 셔츠도 구멍

그대는 체인가, 형제여

루바이*

삶의 그 큰 비밀을 한 번 잘 들여다보렴
그저 뿌리 하나 남은 나무로 선 대지 위에서
얼마나 달콤한 세상이기에 수많은 사람들은
팔 없이 다리 없이도 살아 머물려 하는구나

---

*Rubai: 페르시아어에서 유래한 시형으로 운을 맞춘 4행시를 뜻한다.

산다는 것

I

쉽지 않다는 것을 압니다,
산다는 것은
연인에게 마음을 주고
목가를 부르는 것은
별빛 영롱한 밤에
산책을 나가는 것은
한낮의 햇살 아래
몸을 따스하게 녹이는 것은
반나절 이렇듯 몰래 빠져나와
참르자* 언덕에 앉아 쉬는 것은……
수많은 빛깔로 반짝이는
보스포러스 해협의 푸른 물결
그 푸르름을 위해
모든 것들을 잊어버리는 것이

---

* Çamlıca: 위스키다르 근처의 언덕으로 이스탄불 시내에서 가장 높으며 보스포러스 해협의 풍광이 내려다보이는 곳.

II

쉽지 않다는 것을 압니다,
산다는 것이
그러나 보십시오
죽은 이의 침대는 아직도 따뜻한데
죽은 이의 시계는 아직도
손목에서 똑딱이는데
삶은 쉽지 않지요, 친구들이여
죽는 것도 그렇지요

쉽지 않습니다
이 세상으로부터 떠나는 것은

시집에 실리지 않은 시들
문예지에 실렸으나 시집에 실리지 않은 고전 정형시들

연시 (戀詩)

아, 추억은 내 마음속 맹세처럼 크네
정원에서 보냈던 행복한 나날들로 열린 문이여
아직도 꿈속으로 들어오는 나의 첫사랑
아이들의 이마에 느껴지는 따스한 입맞춤아

아, 내 사랑의 가지에서 처음으로 꽃피운 봉오리
내 피의 흐름을 새롭게 이끄는 핏줄
장밋빛 정열로 가득한 저녁들
내 속에는 첫새벽 같은 아이가 있네

아, 나무 차양 위에서 피어나던 접시꽃아
우리들의 목소리가 공기를 가득 메웠던 봄날아
뛰어다녔던 길들, 물장난을 치던 물가들
선실 안에 기쁨을 싣고 떠다닌 종이배여

밤 예배를 알리는 소리를 듣는 밤에
내 침대에 따스한 온기를 가져오던 꿈
바다에서 그녀와 함께 보냈던 나의 세상아

아, 새하얀 낙원으로 가는 수평선이 보이던 해변이여

아, 수많은 것들을 떠올리게 하는 자두나무
그 첫 여행으로 시작된 그리움의 감옥아
말들이 방울을 울리며 가는 마차 뒤로
하이얀 린넨 손수건에서 흔들리던 첫 아픔이여

에바빌*

내 안의 소리들이 떠도는 이 저녁으로부터 구하여
나의 기억을 어느 바닷가로 이끄는 길에는
환하게 빛나는 꿈들 뒤로 침몰하는 곤돌라
어느 푸른 바다를 떠다니듯 타는 촛대

건반들 위로는 검은 어둠의 악령
홀연히 가슴속에는 파문의 기억이 일고
나를 행복 가득한 세상들로 이끌 때
에나멜 손가락들로부터 메아리쳐오는 환영

내 눈에서 벗겨지는 오랜 세월의 밤들
홀로 남겨져 여름 앞에 고개 숙인 해변에
하늘 가득 나는 한 무리의 에바빌

---

*Ebabil: 1. 570년 카바 신전을 차지하고 싶어 메카를 침략한 에디오피아 왕 아브라하의 코끼리 군대를 물리치기 위해 신이 보냈다고 전해지는 전설의 새. 이 새들은 부리와 다리로 세 개의 돌을 이 군대에 던져 군대를 몰살시켰다고 하며 이 해는 이슬람의 선지자 마호메트가 태어난 해이기도 하다. 2. '저주받은 자들의 영혼'이라 불리워지기도 하는 보스포러스 해협을 날아다니는 새. 이 새는 날아오른 후에는 어디에도 내리지 않는다고 한다.

내 사랑과 그리움이 영원한 곳에서

열린 덧창으로 떨어지는 소리들
어느 호수인 것일까, 영혼 먼 곳에서 전율하는 것은
가장 가까운 사랑조차 느끼지 못하는 입술에는
그 어느 삶보다도 아름다운 웃음이 있네

서늘한 그림자들 속에 상념들을 잠들게 하며
하얀 치맛자락들 눈에 비쳐드는 어느 순간에
그리고 초록의 아침들을 향해 문은 열리는데
뜨거운 상상들로 가득 차오르는 여름밤이여

색색의 램프 밑으로 솟아오르는 세계
어깨로 흘러내리는 달빛으로 땋은
마음속 그리움 남은 곳에
에나멜 손바닥으로부터 메아리치는 꿈

나의 상념들 가까이에

오랜 세월 동안 믿어온 나의 그리움은
나의 상념들 가까이에 있던 바로 그것이었네
그것은, 온 가슴으로 넘치는 손안의 약동
두 눈 속 울고 웃었던 꿈들이라네

그것을 본 것은 자신의 정원 안이었지
길들은 다시 일상처럼 여름 잠 속에 빠지는데
야생화들의 그 매운 향기 속에서
언제나 오후면 백일몽에 잠기는 나의 죽은 육체여

그 입술에도 옛날로의 귀로는 있어
무성한 음향 위로 그것은 헤엄치는데
일순 수많은 기억들을 듣는 시선 속에
인간 영혼 가득 쾌락을 주는 상념이 있다네

그 뒤 소녀처럼 순결하고 밝은 하나의 열림
집으로 향하는 흙길에서 그것은 다시 어린아이
또 다시 잠과 함께 시작될 세상으로의 여행

그리고 살구나무 가지에는 신선한 아침이

오랜 세월 동안 믿어온 나의 그리움은
나의 상념들 가까이에 있던 바로 그것이었네
그것은, 온 가슴으로 넘치는 손안의 약동
두 눈 속 울고 웃었던 꿈이네

엘도라도
―14살이 되던 날 그 아름다웠던 첫날밤을 위한 헌시

지평선 멀리 파란 구름들이 몰려드는 산
마법에 걸린 하늘에서 소리를 들은 에덴
내 손바닥에는 네 줄기 강이 건네준 광석
위로는 투바의 과실들이 내 이마를 스치고

그곳은 내 꿈으로 처음 들어온 놀라운 세상
푸른 달빛 아래 갈대들은 미소 짓는다
호수 가득 그 깊은 곳까지 뿌리 내린
정겹게 와 닿는 공기를 감싸 안는 올리브나무들

반짝이는 물 위로 행복의 흔적
가지에서 떨어진 작은 배에는 정다운 사람
어깨에 스치는 갈망 가득한 입술은 피처럼 붉다
이제 우리들의 모든 날들은 한 낙원에 달려 있으니

이제 영롱히 빛나는 수정 술잔인 듯
가장 아름다운 악마의 손에 들린 석양
저녁은 내 입에 가장 달콤한 시럽

밤은 내 머릿속 어느 초록 바다의 밑바닥

지평선 멀리 파란 구름들이 몰려드는 산
푸른 초원에서 들었던 첫 음성으로부터
환하게 드러났던 거짓들로 가득 찬 밤
그리고 안개 피어오르는 숲 속의 신선한 아침

그 속에 온화함이 없으나 나에겐 죄가 없으니
영혼들이 한 마리 새처럼 방황하는 꿈결
흐트러진 내 마음에는 언제나 그 나른한 냄새
내 입술에는 물기 어린 복숭아 향취

나의 방에서

나란 말인가, 이 물건들의 주인이?
머릿속에는 호기심 없는 아이가 있어
내 안 세상은 장난감과 다르지 않으니
나의 방은 마치 내 속을 비춰내는 거울 같구나

천장에는 희롱하는 빛이 있어
그림자들은 소리들과 하나가 되며
한 마리 까마귀는 나의 뇌를 파는데
이 순간 나는 고통스러운 형벌들을 갉아먹지

카인은 형제를 죽이고 있는데
마음속에는 외로운 기분
죽음처럼 긴 여름 잠
피로와 함께 지나야 하는 바닷가

사고의 변경들을 끈으로
서로 얽어 한 뭉치로 묶는다
상념 가운데 만들어진 나의 다리는

모든 사물들 위로 무너져 내리는데

소리 없는 나의 군대들이 방에
멈추지 않고 쉴 사이도 없이 가득 차고
옷 속에 들어가 누워 있는 남자를
내 방의 벽들이 신기한 듯 바라보고 있다

카인은 형제를 죽이고 있는데
마음속에는 외로운 기분
죽음처럼 긴 여름 잠
피로와 함께 지나야 하는 바닷가

침대의 파도들 속에 휩쓸려
이 여행은 여러 날 동안 계속된다
홈통에서 끊임없이 흘러나오는 것은
침묵하는 무덤 속으로 향하는 두려움

광기의 달콤한 공포를 나의 방에

가득 차게 하는 것은 소리 잃은 고요
까마귀 아직도 나의 머리에 머무는 것은
뇌 속의 지옥을 찾기 위함이다

카인은 형제를 죽이고 있는데
마음속에는 외로운 기분이
죽음처럼 긴 여름 잠
피로와 함께 지나야 하는 바닷가

세상에 홀로 온 사람처럼
인디아의 산으로 쫓겨나고
아무도 존재하지 않는 세계의 주인은
내 머릿속 편협함 안으로 들어간다

가고 가고 다시 오는 동일한 느낌들
던져진 밧줄은 부둣가에 닿지 않고
나의 목처럼 굵은 호두나무가

어느 순간 갑자기 내 앞에 서 있다

카인은 형제를 죽이고 있는데
마음속에는 외로운 기분이
죽음처럼 긴 여름 잠
피로와 함께 지나야 하는 바닷가

여행

하늘은 어디로 향하든 여행으로 가득하고
그 아래에는 내 새들의 날갯짓이 있어
새들은 하나의 풍경 위를 떠돌더니
빛바랜 회색 하루와 함께 되돌아온다

날개들 속에 있는 이 생생한 날갯짓은
어느 항구 혹은 어느 섬으로 가는 것일까
바다에는 돛 하나 없고 그 어떤 떨림도 없는
이 순간 모든 검은 왕들은 생명력을 잃어

새들은 흰 포말들의 흔적을 따라간다
멀리 저 멀리에서는 기선이 한 척
갑자기 모두의 눈앞에 나타나겠지
커다란 오렌지와 싱가포르의 풍경이

그 뒤 아침에는 새들이 무한한 상상을
그들의 비행 속에서 다시 가져오겠지
행복으로부터 들은 가장 커다란
이야기들을 내 꿈에게 들려주겠지

구더기

아, 이제 나의 얼굴빛도 누렇게 변해
혈관은 더 이상 피를 돌게 하지 못하고
셰에라자드의 이야기들도 이제는 나를
그 어떤 해안에도 이르게 하지 못하지

너의 말을, 밤을 감싼 아름다움을
나 이제는 알아들을 수 없구나
눈먼 마음은 우물처럼 깊게 가라앉아
자신으로부터 어느 무엇 기다릴 수 없구나

오늘은 그저 침묵, 침묵하고만 싶다
침묵하련다, 어떤 슬픔도 느끼지 않으나
커다란 새 하늘에서 내려온다
내려오는 모습을 본 것은 고요뿐

내 정원 한가운데 자라는 뽕나무는
이제 누에들을 키우지 않는다
영원의 적요가 내 머리 위로 내려앉았다

날이 다시 밝기를 바라지 않는다

새들과 친해질 수 있었다면 좋으련만
나의 뇌 속에는 꿈틀거리는 구더기가 있어
알고 싶구나, 바람이 고요히 잠들 때
범선들은 무엇을 하는지

피라미드

아, 넘을 수 없는 산들 뒤로
도달할 수 없는 도시들로부터 멀리
끝없이 파란 궁륭 밑으로
그리움의 가지를 늘이는 나무

환한 웃음이 아침보다 아름다운
세상의 상상보다 광대한
아, 가슴속 천상의 기지개
내 꿈들마저 지배하는 아름다운 이여!

그곳은 어디일까 휘어진 가지로부터
오렌지들이 떨어지는 정자 그늘에
술잔을 느끼며 스치는 입술
밤이면 사랑하는 시선으로 바라보는 눈

타버린 영혼을 전율케 하는 찬가
잎새들 위에 결정을 맺은 새벽
솔향기 품은 나무 항아리

사슴 울음 소리로 울리는 골짜기는 어디에 있을까

금빛 가지들에 꽃의 자리에
이제 별들을 피우지 않을까 나무들은
하루의 치마폭에 엎드린 머릿결은
수많은 꿈과 함께 불타오르지 않을까

환한 웃음이 아침보다 아름다운
세상의 상상보다 광대한
아, 가슴속 천상의 기지개
내 꿈마저 지배하는 아름다운 이여!

오랜 세월 내가 꿈꿔왔던 생각들이
진실 앞에 고개를 숙이면 되지 않을까
그리움이 오르는 피라미드는
닿지 못할 산들보다도 더 높은 것일까

밀

끝이 보이지 않는 행렬은 가지런해지고
문들 위에 종은 울린다
끝이 보이지 않는 행렬은 가지런해지고
보라, 바람 속에서 마지막 추수가 시작되었다

화살을 떠나보내려는 순간의 활
우물의 입구는 넓어지고
화살을 떠나보내려는 순간의 활
두려움은 내 뼛속 깊이 스며들었다

공중으로 키질되는 밀
그림자들은 땅에서 멀어지는데
공중으로 키질되는 밀
신이여! 신이여! 이 고통을 치유하시기를

끝이 보이지 않는 행렬은 가지런해지고
문들 위에 종은 울린다
끝이 보이지 않는 행렬은 가지런해지고

보라, 바람 속에서 마지막 추수가 시작되었다

우리에게도 밀가루의 몫을, 우리의 몫을
뛰어라, 유수프* 씨가 밀을 나눠준다
우리에게도 밀가루의 몫을, 우리의 몫을
끝나지 않는 일식이 지기 전에

냄비의 주석 도금이 녹아내릴 거야
아이들이 산속에서 울지 않기를
냄비의 주석 도금이 녹아내릴 거야
외멜** 씨의 도움은 제때 이르지 못할 거야

똑같은 안장 아래 똑같은 망아지
모든 이들은 어떤 소리를 찾는데
똑같은 안장 아래 똑같은 망아지

---

* Yusuf: 남자 이름.
** Ömer: 남자 이름.

모든 이들이 떠나는 같은 시골로의 여행

이제 이 대상(隊商)들의 여관도 만들어졌으니
노년은 헛된 망상에 빠져들었다
이제 이 대상들의 여관도 만들어졌으니
지금은 소리들로 가득 찬 묘지에

좁은 문

밤과 같이 다가온 이 열풍은 무엇일까
나는 그 비난의 소리들을 듣는다
어둠 속에서도 나의 추억은 미친 듯
그 입구가 있는 곳을 찾는다

"또 다시 깊은 밤 소리 없이
잊혀진 향이 타오른다"
추억들로 끓어오르는 바다는
영혼의 구유 속에서 차오른다

밤이 떠오르면 빛이 쏟아져 내린다
뒤에 오는 이것은 어떤 부활일까
밤이 지난 후의 이 꿈처럼
과거에서 온 그는 떠나갈까

오랜 세월 말을 잃은 내 영혼에
생기 가득한 기지개를 느낀다
그 끝에 가보았던 사막보다 넓은

내 발밑에 열린 더없는 대양

모든 나의 계절들 위에
새하얀 날개 하나 몸을 펼친다
이제 여기 삶이 와 멈추었으니
내게 언제나 비상을 약속한 그날에

이제 영원한 평안의 시간
비밀의 잔을 들 수 있으리라
그 옛 꿈들의 세상의 좁은 문으로
이제 막 들어가려는 순간이니

아베 마리아

바람이 거꾸로 부는 것은…… 왜일까
지나간 날들이 다시 돌아오는 것일까
벌레가 고치에서 꿈틀거리고 있네
이미 알아버린 세상으로 나오기 위해

우리의 마음에 불길한 예감이 가득한 것은 왜일까
아, 희망과 기대는 길마다 있지
생각지 못했던가, 밤이면
하갈의 품에 아브라함이 안긴다는 것을

그리고 자신의 배에서 클레오파트라는?
왜 날씨들이 다시 변하였을까
보랏빛 공단을 부풀리며
바람이 가져오는 것은 행복일까

우리의 손을 스치는 것은 누구의 손길일까?
이 신비로움과 함께 온 그는 누구일까?
부드러운 동풍의 손길 중 가장 아름다운 손

소용돌이들로 떠오르는 이도 그인가

저 깊은 곳에서 소리들이 풀려난 것일까
멈추었다 들리는 이것은 무엇일까
바빌론의 공중정원에서
세미라미스*가 부르는 노래인 것일까

어깨에서 덮개가 미끄러져 내린다
누군가, 이는 누구인가
이마에는 낙인 눈에는 죄 깊은 행복
창백한 안색의 처녀가 웃고 있다

---

* Semiramis: 바빌론의 공중정원을 지었다고 전해지는 아시리아의 전설적인 여왕.

바람에 나를 열 수 있다면

얼마나 좋은가 신이여, 얼마나 좋은가
이 푸름 속에서 항해하는 것은
정처 없이 떠도는 생각들과 같이
어느 해변에서부터 밀려 떠가는 것은

바람을 향해 돛을 펼치고서
나도 온 바다를 떠돌아다닌다면
그리고 어느 아침 아무도 없는
한 항구에서 나를 발견한다면

크고 새하얀 어느 항구에서
산호초 섬들 속에 있는 어느 항구에서
하얀 구름들의 뒤를 따라
금빛으로 빛나는 여름이 온다면

넋을 취하게 하는 야생 올리브 향기로
그곳에서 내 마음을 채울 수 있다면
어떤 세계로부터도 머나먼 이 섬이

슬픔의 맛을 알지 못한다면

꽃들 만발한 옥상에는 참새들
여름 별장에는 꿈이 가득 머문다면
수많은 색의 밤들이 풀려나오는
석류나무 정원에서 하루를 보낼 수 있다면

매일 바지선들이 천천히
멀리서 지나는 모습을 볼 수 있다면
그리고 매일 저녁 수평선에서
가지런히 늘어선 대리석 섬들을 볼 수 있다면

얼마나 좋은가 신이여, 얼마나 좋은가
도시들, 호수들, 대륙을 가로질러
즐거운 바다, 바다를 누비며 떠도는 것은
정처 없는 상념들과 같이 자유롭게

하나의 돛이 되어 넓은 바다에게

내 자신의 모든 것을 줄 수 있다면
새들과 같이 방랑하는 삶의
한순간의 아름다움을 믿을 수 있다면

인생의 황혼

나의, 잔의, 유리병의 앞에
그대는 있다 창백한 안색으로
이것은 나의 옛사랑의 자세
그리고 너의 손은 나의 손안에

마시기로 하자! 우리의 생이 즐겁다면
지나간, 헤어짐의 느낌을 우리는 모른다
우리들의 잔이 깨지지 않는다면
우리들의 술병이 비워지지 않는다면

어느 날 우리들 가운데 하나가
마시기 위해 그리고 채우기 위해
이 자리에 없을 수도 있으리라

긴 고통이 끝난 뒤에 오는 행복의 순간에 나타날 죽음의 노래

어느 바닷가엔가 도착할 것이다 우리의 날들이
그날들은 영원히 끝나지 않을 고통
오늘의 이 아픔과 황폐함은 남아 있지 않겠지
얼굴들에는 운명 속 어둠이 남긴 흔적만이

영혼을 끌어당긴 극점이 형태를 이룰 것이다
사랑만큼 달고 인생만큼 짧은
그 순간의 너머에 있는 봄
바로 지금이다 삶조차 잊을 순간은

우리는 빛으로부터 문들을 열 것이다
오늘 약속된 우리의 천국의 문을
그리고 빛으로부터 샘을 찾을 것이다
가장 아름다운 우리들의 마지막 고향의 샘을

바라보는 우리의 얼굴 위로 빛이 내리쬐고
품에 꽃들을 안은 여인들은
영원한 봄을 가져올 것이다
이 새롭게 시작되는 우리들의 삶에

해가 떠오른다

말을 꺼내려 한다, 밤들이……
그림자들은 깊은 곳으로 달아난다
수수께끼들의 마법을 얻어
해가 떠오른다 도시 위로

굴뚝들은 무서워하며 형태를 이루고
해가 떠오른다 도시 위로
아직 잠이 깃든 눈빛의 매들이
하루의 눈동자 속으로 뛰어든다

은백양은 가지들을 흔들면서
일상의 그 자리까지 솟아오른다
해가 떠오른다 도시 위로
푸른빛으로 밝아오면서

해가 떠오른다 도시 위로
모든 곳은 색색의 크기로 가득 찬다
혼란스러운 얼굴로 집들이 쳐다본다

아직도 켜져 있는 골목 가로등을

흙이 꿈틀거린다 조금씩 천천히
해가 떠오른다 도시 위로
새하얀 밤의 꽃들 위로
한 방울 눈물이 아침과 함께 떨어진다

그리고 한 해일의 습격처럼
해가 떠오른다 도시 위로

태양

아, 밝음들로부터 먼 곳에 나는 있다
머릿속에는 그 흩어지지 않는 고요함이
여전히 죽지 않고 나는 삶 속에 있다
들어보라, 영혼의 맥박이 뛰는 소리를

박쥐들은 나에게 이야기한다
그 날개들의 전율을
지금 모든 두려움들은 내 곁에 있는데
물은 기다린다, 입을 벌리고서

아, 밝음들로부터 먼 곳에 나는 있다
머릿속에는 그 흩어지지 않는 고요함이
여전히 죽지 않고 나는 삶 속에 있다
들어보라, 영혼의 맥박이 뛰는 소리를

검은 지평선들의 뒤에서
소리들과 함께 피어오르려는 봄
그리고 내 몽환의 공기 속에는

가장 아름다운 시절의 색깔들이 있다

여전히 죽지 않고 나는 삶 속에 있다
들어보라, 영혼의 맥박이 뛰는 소리를
아, 밝음들로부터 먼 곳에 나는 있다
머릿속에는 그 흩어지지 않는 고요함이

내 영혼은 죽음에서 불어오는 바람들의 짝
나의 밤과 낮에는 빛이 없다
내 눈들은 보지 않는다…… 다만 태양은……
그것은 언제나 언제나 내 얼굴 위에

소멸

기억의 덮개가 덮였다
불안이 끝난 곳에
이제 막이 오르기 시작한다
「다시 돌아온 행복」의 노래는

맴도는 나방의 움직임도 멈추어
하늘에서 기대할 것은 이제 없다
내 속에는 어떤 느낌도 사라졌다
별들의 세계에 대한 생각도

죽음의 시간이 온다 해도 어떠랴
죽음이 이 공허보다 나쁠 것인가
다른 어느 세상도 기대하지 않는
피조물에게 소멸이란 얼마나 멋진가

기다리지 않음은 기다림보다 나쁘나니
애태워 기다리던 그 길로 사랑이 왔다
바람이여, 이 머리를 가져가다오
그리고 이제는 침묵하라, 육체여

헬레네를 위해

도시에 도착하면 더 이상 운명의 길이란 없어
후회하는 어느 손이 네 인생의 문을 닫아버릴 거야
네 두 눈에 눈물 가득 나를 기억하게 될 거야
너의 아름다움이 오직 나의 시어 속에만 남는 그날

마지막 계절, 마지막 가을이 네 방을 가득 채우겠지
스산한 바람 속에서 네 이름을 듣게 될 거야
저녁 시간이면 불리는 사랑의 노래 속에서
불길 속에 절규하는 추억들의 소리를 듣게 될 거야

무엇보다도 창문 난간에 몸을 기울일 때에
지평선 멀리 도시들로 열린 발코니 난간 너머에서
기억 뒤로 네가 저지른 잘못들이 지나갈 거야
너의 죄들…… 끝없는 대상 행렬보다 더 긴

나무에 앉아 상념에 잠긴 새들이 숨죽일 때
새들의 눈빛 속 나른한 독 기운이 너를 기다릴 거야
네 마음속에 다시 아픔의 형상들이 나타날 거야

"아, 나의 시인은 오늘 밤도 지나가지 않는구나" 말하겠지

그리고 네 운명의 길은 이 마지막 도시에 이르겠지
후회 가득한 손길이 네 인생의 문을 닫아버릴 거야
너의 두 눈에 눈물 가득 나를 기억하게 되겠지
너의 아름다움이 오직 나의 시어 속에만 남는 그날에

동화

근심으로부터 자유를 얻은 나의 어린 마음
얼굴들에는 빛, 곡식들에는 풍요로움
말 위에는 보랏빛 머리 장식을 한 왕자
그리고 잊기 시작한 나의 고향

관자놀이에 느껴지는 어머니의 따뜻한 무릎
귀에 울리는 점치는 여인의 말들
호수 앞에는 황제의 세 딸
카프* 산으로 향해 떠나는 축제의 행렬

---

* Kaf: 1. 세계를 둘러싸고 있다고 전해지는 전설 속 황량하고 쓸쓸한 산. 2. 캅카스 산맥.

잠

나를 잠재워주는 방석 위에서
천천히 따뜻한 물속으로 들어간다
인도를 향해 가는 배들은 닻을 올리고
잠의 영토 속에는 한 세상이 떠오른다

수정 그릇으로 떠 마시는 마법의 물
숫양을 타고 건너는 날 선 스라트* 다리
열리지 않던 참깨의 문도 이제는 열리고
낙원으로 가는 꿈의 길이 시작된다

---

* Sırat: 이 세상과 천국을 이어주는 전설의 다리. 이 다리는 머리카락보다 가늘고 칼날처럼 날이 서 있다고 한다.

마지막 노래

떨어진 팔찌가 물속으로 사라져간다
보렴, 물무늬도 스러지고 있지
마지막 순간에 잠에서 깨어난 것일까
헛되이 흘러간 세월 속에 마음은 흩어지네

나를 죽음으로 데려갈 대상 행렬이 멈추었다
바람 속에서 옛 노래가 들려오기에 들노니
사랑을 아는 그 입술들은 아직
나의 옛 찬가들을 부르고 있구나

내 사랑…… 내 손을 어루만지며……
나를 부르는 목소리에는 어떤 매혹이 있어
삶의 마지막 숨을 내쉴 때 사람들이 본다던
사탄이 바로 이런 것이었을까

뿌리들에서 물이 빠져나가기 시작했으니
내 손의 피는 어쩌면 따뜻해지지 않을까
아, 해가 모두 지기 전에 이곳에서
또 다른 노래를 부른다면 어떠리

투바*

햇살 반짝이는 파란 손들을 향해 닻을 올린다
금을 싣고 가는 하얀 날개를 가진 배들
비상하는 우리들의 환상 속 나무들……
분수들에서 생명의 물이 솟아오르는 곳

하얀 새들과 함께하는 매일의 여행
마법의 인디아로 향해 열리는 베일
그 끝은 풍요로움이 넘쳐나는 구유
농익은 과일들의 땅으로 내려온 투바

---

*Tûbâ: 낙원에서 자란다는 상상의 나무. 그 가지들은 낙원에 거주하는 모든 사람들의 집 안으로 들어가는데 그 가지에는 상상할 수 있는 모든 과일들이 열리고 꽃이 핀다고 한다.

소식

황혼과 더불어 바라보라, 장밋빛 향로에는 다시 불이 켜졌다
수천의 꿈들을 향해 열린 내 유리창에
침묵을 엮는 이 더운 가을 저녁에
저무는 하루 뒤로 다시 한 세상이 떠오른다

소리 잃은 비탈길들은 저녁을 감싸 안는데
저무는 하루 뒤로 다시 한 세상이 떠오른다
핵심의 손들로부터 기다리던 소식이 왔구나
"내 생명의 새들이 지저귀기 시작했노라"

저무는 하루 뒤로, 물 아래 가라앉는 눈동자들이
새로운 세상을 향해 열리는 것을 나는 보았다
어느 열정의 세계로 가까워져 가는 오늘 저녁
새들이 지평선으로부터 찢겨 나가려는 순간이다

한 세계가 세워지는 것은 일상으로부터 멀리
나의 잃어버린 생각들로부터 가까이 있던
새들…… 줄 지은 새들이…… 한 무리로 날아온다
꿈은 이 저녁으로부터 멀리에 나는 꿈으로부터 멀리에

죽음 뒤 유쾌해지기 위한 가곡

나는 끝이 없는 어느 바다를 생각한다

구름들은 내 머리 위에 떠 있고
신성한 올림포스를 조용히 지날 때

그리고 눈에 보이지 않는
대지의 정령들이 노래 부르며
들판에서 춤을 출 때도

그런데 푸른 하늘에
매미 소리 울려 퍼지는 때에
새들은 왜 다시 그의 노래를 부르는 것인가?

시집에 실리지 않은 시들
생전에 발표하지 않은 고전 정형시들

전설

어느 먼 시절 이 세상에 한 숨결이 있었지
밤 바닷가에 물들은 새벽이 오기까지 소용돌이쳤네

물결들이 몰아칠 때에 메아리치던 하프 소리
해는 파도 위로 영롱한 빛으로 떠오르고

황홀한 감각 속에서 푸른 하늘은 떨리고 있었네
부랑자들과 선술집 아이들은 무리지어 술에 취했네

그리하여 큰 웃음소리들 노래로 울려 퍼지고
입으로 전해진 야흐야 케말*의 노래는 서사시가 되었지

그 소란들로 물결은 파도가 되고 소용돌이 되었구나
그런 어느 시절이 있었지 이 세상에 한 숨결이 있었네

---

* Yahya Kemal Beyatlı(1884~1958) : 오스만 시대의 기억들을 노래한 터키의 낭만주의 시인.

그러나 이제 그 환상의 세계는 하나의 전설
울려 퍼지는 소리 사라진 이 집은 이제 흥성스럽지 않네

내 동네의 저녁을 위해

인쇄 무늬 커튼 위로 해가 떨어질 때
동네의 답답한 기운들이 동요하기 시작한다
아카시아는 오랜 시간 수면을 떨치고서
창문으로 들어와 내 방에 몸을 늘인다

저 멀리 붉은 지붕들 위로 내리는 서늘함
낮의 잠으로부터 집들이 깨어난다
일감을 손에 든 여인들은 문 앞에서
남편들을 기다린다 옷을 차려입고서

다가오는 것은 좋은 사람들의 영혼
집집마다 걸어오는 나막신 소리
고통으로 가득 찬 머리와 피곤에 지친 몸에
세상의 평온함이 넘치는 것은 오직 이 순간

저녁은 모든 것이 돌아오는 시간
저물 무렵 동네는 살아나기 시작한다
모두 서로를 만나기 위해 여기로 온다
저녁, 다른 세상들로부터 그들은 걸어오기 시작한다

빵

입속에 맴도는 옛 친구의 이름과
잊혀진 모습들을 싣고 가는 구름들이
하늘만큼 내 영혼에 가득 차 있는데
풀밭에 등을 대고 누워 느끼는 기분이란

손바닥에 따스함을 느끼게 했던 빵
내 안의 추억만큼 아름다운 가을
그 새하얗고 깨끗한 구름 속으로 들어가
나는 상념에 빠진다, 옛 동요를 흥얼거리며

노래 1

여러 고난과 고통 속에서 행복을 찾지 못했구나
사랑 안에서 마음은 불길에 휩싸였나 보다
어리석음이 이런 처지에는 더 나으리라
사랑 안에서 마음은 어떤 불길에 휩싸였나 보다

노래 2

피는 사랑의 향연 속에 소멸되기 위한 것이라네
내 마음은 그대 행복 안에 희생되기 위한 것이라네
내 맥박은 고뇌 속에서 메아리치기 위한 것이라네
내 마음은 그대 행복 안에 희생되기 위한 것이라네

잔이 비워지네, 내가 그렇듯 가득 찰 줄 모르네
내 안색처럼 잎새들은 변하여 메마를 줄 모르네
어느 무엇도 내 마음처럼 희생할 줄 모른다네
내 마음은 그대 행복 안에 희생되기 위한 것이라네

시집에 실리지 않은 시들
문예지에 실렸으나 시집에 실리지 않은 현대 자유시들

나무

나무에 돌을 던졌다.
돌이 떨어지지 않았다.
돌은 떨어지지 않았다.
내 돌을 나무가 먹었구나.
돌려다오, 내 돌을.
돌려다오 내 돌을!

헤이, 룰루

나에게도 이상한 이름의
친구들이 있으면 좋으리,
전혀 들어보지 못한 흑인 친구들이
마다가스카르의 항구들로부터 중국까지
그들과 함께 항해할 수 있으면 좋으리
그리하여 나는 듣기를 원하네
그 가운데 한 사람 갑판 위에 서서
별들을 바라보며
매일 밤
'헤이, 룰루' 노래하는 소리를

그리고 어느 날 우연히 파리에서
마주치기를 바란다네
그들 가운데 누군가를

바다

바닷가 내 방에서는
창가로 가보지 않아도
수박 실은 보트들이
떠다니는 모습을 알 수 있다

예전에 내가 그랬던 것처럼
바다는
거울로 빛을 비추듯
방 천장에 떠돌며
나를 희롱하는데

해초 냄새와
바닷가에 묶인 듯한 어망 기둥들은
해변에 사는 아이들에게
어느 무엇도 떠올리게 하지 못하는구나

비탈길

다른 세상에서 만나는 저녁 시간에는,
공장 일이 모두 끝나고
우리를 집으로 이끄는 길이
이렇듯 가파른 비탈길이 아니라면
죽음도 그리 나쁘진 않으리

여행

나는 여행할 마음이 없네
하지만 여행을 해야 한다면
곧 이스탄불로 갈테요
나를 베벡*의 전차 칸에서 볼 땐
그대 얼마나 놀라겠소?

그래도 이미 말했듯이
여행할 마음이 나는 없다오……!

---

* Bebek: 이스탄불 보스포러스 해협에 있는 지역 이름.

일요일의 저녁들

지금 내 모습 초라하지만
빚을 다 갚은 뒤에는
아마 새 옷을 한 벌 살 수 있겠죠.
하지만 당신은
그때도 나를 사랑하지 않겠죠.
하지만 일요일 저녁마다
멋지게 단장하고
당신 사는 동네를 지날 때
나 또한 지금만큼 당신을
소중히 여기리라 생각하는 건 아니겠지요?

아스팔트 위의 시

I

얼마나 아름다울까
길 위의 건물이
무너지는 순간
미지의 지평선을 본다는 것은

II

연통 달린 롤러가
힘차게 굴러가는 모습을 지켜보기 위해
인도에 늘어서 있는 저 아이들이
나는 부럽다

III

롤러의 굉음은
내 친구에게
바다를 달려가는 모터보트를

떠올리게 하리라

IV

부서진 돌들을 보며
빛나는 아스팔트를 떠올리는 것은
어쩌면 시인들만을 위한 것일까?

에디트 알메라

아마도 그는 지금
브뤼셀 근처의 호수가에서
에디트 알메라를 생각하고 있을 거야

에디트 알메라는
밤 카페에서 사랑받는
집시 악단의 첫번째 바이올린 주자

그녀는
박수를 보내는 관객들에게
인사하며 미소짓겠지

밤의 카페들은 멋진 곳이라네
사람들은 그곳에서
바이올린 켜는 여자들과
사랑에 빠질 수도 있으니

나의 나무

우리 동네에
너 말고 한 그루 나무 더 있었다면
너를 이토록 사랑하지는 않았을 터
네가 우리와
고리 던지며 놀 줄 알았다면
너를 더욱 사랑했을 터

나의 아름다운 나무!
네가 말라버리는 언젠가
인샬라*, 우리도
다른 마을로 떠나고 없으리

---

* İnşallah: '신의 뜻대로, 신이 허락하신다면'이라는 뜻으로, '일이 잘 된다면'이라는 관용 표현.

슬픔 속에 머무르다

사랑했던 이들에게
나는 화를 낼 수도 있었지
만약 사랑이 내게
슬픔에 잠기는 것을
가르치지 않았더라면

술집

이제 더는
그녀를 사랑하지 않는데
매일 밤
그녀를 그리며 마시곤 했던
그 술집 앞을
나 어떻게 지날 수 있을까?

기행(紀行)

버드나무는 아름답지
하지만 우리의 기차가
마지막 역에 도착할 시간이면
나는 버드나무이기보다는
시냇물이기를 더 바라네

사람들 2

언제나,
그러나 그 어느 때보다도
당신이 나를 사랑하지 않음을
알게 되는 그때에
나는 당신이 보고 싶다
어린 시절
어머니의 품에 안겨 바라보았던
그 사람들처럼

기행(紀行)의 시

I

기행을 떠나는 때에는
별들이 이야기를 건네지만
그 이야기들은 대개
우울한 것이라오

II

술 취한 밤
휘파람으로 부는 노래가
유쾌하기는 해도
열차 창가에서 부는
휘파람은
그렇지 않다오

당신은 살아 있는가요

우리가 함께 만든 악마의 연에
꼬리를 붙이려 애썼던 그때
나는 당신의 작은 심장이 고동치는
그 소리를 듣곤 했지요
그때엔 생각지 못했지요
내가 들은 그 소리를
당신에게 들려주는 것을

당신은 아직 살아 있는가요?

아침

무수히 가지를 뻗은 나무같이
하늘을 향하여 나는
팔을 벌린다
그리고 구름들을 바라본다
한 마리 낙타가 소란스레
동트기 전 지평선에 이르려
달려, 달려, 달려갈 때

자살

아무도 듣는 이 없을 때
나는 죽어야 합니다
입가에 굳은 핏덩이를
사람들은 보게 되겠지요
나를 알지 못하는 이들은 아마 말하겠지요
"그는 한 사람을 사랑하고 있었음에 틀림없구나"
나를 알았던 이들이라면 말할지 모릅니다
"불쌍하게도, 그는 궁핍 속에 시달렸었지……"
그러나 진정한 이유는
그 무엇도 아닐 테지요

방울새

당신은 아름다운 아가씨지만
정원 자두나무 가장 높은 가지에
어렸을 적 내가 만들었던 새 올가미
그 위에서 맴돌던
작은 방울새만큼은
사랑스럽지 않네

옥타이*에게 보내는 편지

I

1937년 12월 10일, 앙카라, 저녁 9시

지독한 겨울이네
나는 헝가리 식당에서
이 첫 편지를 쓰고 있네
나의 벗 옥타이
오늘 밤 술 취한 모든 사람들이
자네에게 안부를 전한다네

II

1937년, 12월 12일, 앙카라, 오후 2시 30분

지금 밖에는 비가 내리고 있네

---

* 옥타이 르파트Oktay Rıfat(1914~1988)과 멜리히 제브데트Melih Cevdet(1915~2002)은 오르한 웰리 카늑의 절친한 친구이자 동료 시인들로 1941년 이들은 시집 『이방인』을 공동으로 출간했다.

그리고 구름들이 거울 위를 지나가네
요즘 멜리히와 나는
같은 소녀를 두고 사랑에 빠졌다네

III

1938년, 1월 6일, 앙카라, 오전 10시

한달 가까이나 꼬박 일거리를 찾았건만
돈 한 푼 없고 몰골은 형편없다네
그녀를 사랑하지 않았다면
아마 기다리진 않았을 걸세
사람들을 위해 내가 죽을 날을

수선공 사브리

수선공인 사브리와 함께
언제나 저녁이면
언제나 목로주점에서
언제나 술에 취해 이야기를 나누지
그는 매번 이렇게 말하네
"이런, 집에 늦었군"
그리고 그때마다
그의 품엔
두 덩이 빵이 안겨 있지

시실리의 어부

지금부터 백년 후에
우리의 시대로부터 단 한 사람도
남아 있지 아니할 때에,
한 어부가 시실리의 해안에 살고 있어,
어느 여름 아침 바다에 그물을 던지며
어느 때보다 더 넓을 하늘을 쳐다보면서
나의 시의 한 구절을 읊조릴 때에도
메흐메트 알리*라는 이름의 시인이
한때 이 세상을 스치고 지나갔음을
깨닫지 못할지도 모른다

이 아름다운 나의 상상이
이루어지지 않으리라는 것을 잘 안다
그러나, 이런 일이
나에게 참으로 낯선 것은 왜일까?

---

* Mehmet Ali Sel. 오르한 웰리의 또 다른 필명.

그저 장난으로

모든 예쁜 여자들은 상상하나 본데
사랑에 대해 쓴 나의 시들이
자신들에 관한 것이라고
나는 영 편안한 기분이 아니라네
그저 장난삼아 쓴 시라는 걸
그녀들이 모르기에

나의 침대

나는 말이지 저녁마다 침대에 누워
그녀를 생각하고 있어
그녀를 사랑하는 동안은
내 침대도 또한 사랑하려고 하네

알리 리자와 아흐메트의 이야기

얼마나 이상한가
알리 리자와 아흐메트의 이 이야기는!
한 사람은 시골에 살고,
한 사람은 도시에서 살지
그리고 매일 아침
도시의 사람은 시골로
시골의 사람은 도시로 간다네

화롯불

문간에서는 화롯불이 타곤 했다
저녁 어둠 속에서는
아무것도 보이지 않았다
불과 연기 외에는
모든 것이 부족하던 시절에도
숯만은 많아서
시인인 친구 옥타이 르파트의
아이 같은 영혼에
평화와 행복을 가져다주었지
그의 어머니 뮤네베르 아주머니는
화롯불 위에 석쇠로 생선을 굽곤 했는데
내 친구는 마분지 부채로 그저
자신의 콧속에 연기만 채웠었네

쓸데없는 나의 이야기들

나는 1914년에 태어났지
1915년에 말하기 시작했는데
아직껏 말하고 있구나
그럼 내 잡담들은 어떻게 되었을까?
허공으로 떠났을까?
아마 모두 되돌아올 거야
1939년 비행기의 모습을 하고서

신이 존재한다 해도
그에게 바라는 건 전혀 없다
신과 더불어 원하는 건 없다
신의 존재도 바라지 않고
나의 문제가
그의 손에 맡겨지는 것도 원치 않는다

우리처럼

자신의 꿈속에서 전차는
어쩌면 욕망을 품는 건 아닐까?
그리고 비행기는
혼자 될 때 무슨 생각에 잠길까?

달빛 아래서 방독면들은
입을 맞추어 노래하는 걸
즐기는 것은 아닐까?

그리고 소총들은 동정심이 없는 걸까
우리 인간들이 가진 만큼?

카네이션

당신 말이 맞지요
바르샤바의
만 명의 사람들의 죽음은
수사학 어법만큼 멋있지는 않지요
그리고 전차 부대는 비슷하지 않지요
"연인의 입술에서 가져온 듯한"*
한 송이 카네이션과는

---

* 상징주의 시인 아흐메트 하심Ahmet Hasim(1885~1933)의 시에서 차용한 시구.

새와 구름

여보시오, 새 장수
우리에게 새는 있다오
나무도 또한 있으니
그대는 다만 구름 하나를 주오
한 푼짜리 구름 하나를

양(量)

나는 예쁜 여인들을 사랑해
노동하는 여인들도 사랑하지
아름다운 노동자 여인들은
훨씬 더 많이 사랑하네

거리를 걸어갈 때

거리를 걸으며
웃음 짓는 자신을 깨닫게 될 때에
저이가 미쳤는지 상상하는
사람들을 생각하며 또 미소 짓게 됩니다

나, 오르한 웰리

나는 오르한 웰리
"슐레이만 선생에게는 죄송하지만"
위대한 시의 창조자랍니다……
듣건대 제 사생활을 궁금해하시는군요
그럼 알려드려야지요
먼저 저는 남자랍니다, 그러니까
곡마단 동물이 아니랍니다
그다지 잘 생기진 않았지만
코도 있고 귀도 있지요

집에서 살고
책상 앞에서 일하고
어머니 한 분과 아버지 한 분으로부터
세상에 나왔지요
머릿속에 구름이 떠다니지도 않고
등에 예언자의 표식이 있지도 않고
영국 국왕처럼 겸손한 사람도 아닙니다
젤랄 바얄* 터키 수상의

마구간지기 같은 귀족도 아니지요
시금치를 너무 좋아하고
푸프 뵤렉**을 특히 좋아하고
재산에 대한 어떤 욕심도 없어요
맹세코 없지요

주위를 산책하고
아무도 모르게 여행도 떠나지요
옥타이 르파트와 멜리히 제브데트는
저의 가장 친한 친구들이지요
그리고 꽤 이름 높은 여자 친구도 있는데
그 이름은 말할 수 없어요
뭐 문학사가들이 알아내라고 하지요

별로 중요하지 않는 일들도 하지요

---

* Celal Bayar(1883~1986) : 1950~57년 터키 수상에 재임한 정치인.
** Puf Böreği : 치즈나 다진 고기를 넣어 튀긴 터키식 만두의 일종.

바쁘지 않을 때 하는 것은 모두 시시한 거네요
그냥 작가들 사이에서 지내지요

잘 모르겠군요
아마 천한 가지 생활 습관이 더 있겠지요
그렇지만 모두 열거할 무슨 필요 있겠어요
그것들도 지금 얘기한 것과 비슷하니까요

하이쿠

해초 냄새
그리고 새우 한 접시
산득부르누*에서

---

* Sandıkburnu: 이스탄불 근교의 지역 이름.

시집에 실리지 않은 시들
발표되지 않았던 현대 자유시들

자난

자난은 선착장은커녕
수산물 시장에도 결코 가지 않는다

알코올 같은 무언가가 있다

이 공기 중에는 알코올 같은 무언가가 있어
사람을 불안하게 한다, 불안하게 한다……
특히 향수에 젖은 그런 날에는
더 짙은 무언가가 있다
네 사랑하는 이는 다른 곳에,
그리고 너는 또 다른 곳에 있는데
아, 사람을 상심케 하는구나, 상심케 하는구나

공기 중에 알코올 같은 무언가가 있어
사람을 취하게 하는구나, 취하게 하는구나

위에는

새들은 구름 위를 지나가고
비는 구름을 타고 내리네

새들은 기차 위를 날아가고
기차 위로 비가 내리네

새들은 밤을 가로질러 가고
비는 밤을 따라 흐르네

새들이 가는 길마다 달이 뜨고
빗물 위로 해가 떠오르네……

교외에서

피어나는 꽃봉오리들은
아름다운 날들의 약속
그리고 교외에는 한 여인
잔디 위에서
태양 아래서
얼굴을 묻고 누워 있네
젖가슴과 배로
봄을 느끼고 있네

삶이란 그런 것

이 집엔 복슬한 개 한 마리 있었지
이름이 친천이었는데 죽고 말았네.
파랑이란 이름의 고양이도 있었는데
어디론가 사라져버렸구나
딸은 시집을 가고
꼬마 녀석은 한 학년 올라가고
이렇듯 씁쓸하고 달기도 한 일상들
한 해엔 얼마나 많은 일들이 있는가!
그렇지, 모든 게 그런 거네
원래 삶이란 그런 것이니……

르네상스

내일은 부둣가로 가야 하네,
르네상스가 배에서 내린다 하니
글쎄, 르네상스는 어떤 것일까?
옷차림이나 외모는 어떠할까?
멋 부린 모습일까, 초라한 모습일까?
정치적일까, 손에 단장을 들고 있을까?
아니면 머리가 길고 콧수염이 있을까?
혹은 마법사와 닮았을까?
짐칸에서 나올까 선실에서 내릴까?
아니면 화부처럼
배에서 일하는 사람으로 오는 것일까?

버터

히틀러 아저씨!
언제 한번 우리 집으로 오시오
그대 단정한 머리와 코밑수염을
어머니에게 보여드리고 싶으니
그럼 나도 보답으로 부엌 찬장에서
버터를 몰래 꺼내드리지
군인들에게 먹이시라고

갱스터

(히틀러는 문학에 투신할 것이다)

오랫동안 시를 썼건만
무엇을 찾았는가?
이제부터는 산적질을 하련다

길을 막는 이들은 들으시길
이제 산꼭대기에서
그대들이 할 일은 없다

그대들 수중에서 빵을 빼앗을 테니
이제 그대들은 내 자리로 오라

문단에는 빈자리가 많다

작별

나의 길은 아스팔트,
나의 길은 흙,
나의 길은 광장,
나의 길은 하늘,
그리고 나는 또
어떤 것들을 생각하고 있나

사랑을, 비를,
전차 소리를,
호텔 주인을……
그리곤 한 줄 시를 읊조린다
이 따스한 음식을 맛보면서

우편배달부, 민병 대원, 실직자,
여전히 그들은 오고 간다
오직 죽은 슐레이만 선생의 아들
니야지만이 카페에 앉아 있다
그는 라디오를 들으며 궁금해한다

"전쟁이 발발할까요,
그럼 굶주리게 될까요?"

머지않아 전쟁터로 가게 될 것을
어쩌면 그도 알고 있으리라

산책

이렇듯 깊은 밤에
산중 오두막에 불이 켜진 까닭은 무엇일까
그 안에 사람들은 무슨 일을 하고 있을까
이야기를 나누고 있을까 빙고 게임을 하고 있을까
혹은 이런 혹은 저런 일들……

얘깃거리라면 그건 무슨 이야기들일까
전쟁에 관한 것 혹은 세금에 대한 것?
어쩌면 전혀 아무 말도 않는지 모르지
아이들은 잠들고
주인은 신문을 읽고
아내는 바느질을 하고 있는지
아니 이런 일들도 하지 않을지 모른다
누가 알까
그들이 하는 일은
기록되지 않는 것들이기에

겨자 이야기

얼마나 어리석었던가
나는 이제껏 이해하지 못했었지
겨자가 사회에서 차지하는 위치를
"겨자 없이는 삶도 없다"
아비딘도 지난날 그렇게 말했었지
보다 큰 진리들에서
그리고 선지자들에게는
겨자가 그다지 중요하지 않다는 것을
나도 알지
하지만 신이여
누구도 겨자 없이 살지 않게 하시기를

하얀 망토의 여인

칼렌데르*에서 보트를 탔지
하얀 망토를 두른 여인은
한 손에는 양산을 들고
한 손으로는 부채를 폈지
금요일에는 괵수**로 갔다네
하얀 망토의 여인은

---

* Kalender: 보스포러스 해협의 유럽쪽 지역 이름.
** Göksu: 보스포러스 해협의 아시아쪽 지역 이름.

나쁜 아이

너는 학교를 빼먹고
새나 잡으러 다니고
바닷가로 가서
나쁜 아이들과 어울리고
벽에 짓궂은 그림들을 그리는구나
그런 거야 아무래도 좋지만
이제는 나까지도 망치려 들다니
넌 얼마나 나쁜 꼬마란 말이냐!

신에게 감사를

신에게 감사를 드립니다
집에 한 사람이 더 있어요
숨결이 느껴지고,
발소리 들립니다
정말 다행, 다행입니다

깃발

아, 전쟁터에서
손바닥은 나의 피로 범벅이 되고
머리는 내 몸 밑에
다리는 내 팔 위에 놓인 채로
목숨 잃고 누운 형제여
나는 당신의 이름이 무엇인지
당신의 죄가 무엇인지 모른다
아마 우리는 같은 군대의 병사들이겠지
아마도 우리는 적이겠지
어쩌면 그대는 나를 알고 있을지 모른다
나는 이스탄불에서 노래 불렀고
비행기로 함부르크에 떨어져
마지노 전선에서 부상을 입고
아테네에서 죽도록 굶주리고
싱가포르에서 포로가 되었지
내 운명은 내가 쓴 것이 아니었다
그러나 나는 안다,
그것을 쓴 이들만큼이나

딸기 아이스크림의 맛을
재즈의 즐거움을
명성의 화려함을
나는 안다,
그대도 삶의 선물들을 좋아한다는 것을
홍차와 깨를 뿌린 빵
두꺼운 외투 같은 것 말고
올리브유를 뿌린 아티초크
크림 소스을 얹은 자고새 구이
한 잔의 블랙 앤 화이트 위스키
깃털로 장식한 붉고 화려한 옷 같은

20년 세월의 노고는
총알 하나로 판결에 이르렀으니
산다는 것이라야
하르코프 지역으로 쫓겨나는 운명
그대, 그리 애태우지 말길
우리가 여기까지 가져온 깃발은

그들이 또 앞으로 가져가리니
세상에서 우리는
모두 이십억
우리는 서로를 알고 있으니

보게나, 이십 년 간의 모든 노고는
단 한 방의 총성으로 충분하지
하르코프 지역에서 갱생의 삶을 산다는 것
그것이 그대의 운명이네
아무 문제가 안 되지
우리는 여기까지 줄곧 깃발을 꽂으며 왔지
다른 이들도 또한 그렇게 하겠지
결국 세상에는
이십억의 사람들이 있으니
그리고 우리는 서로를 잘 알고 있으니

내 최고의 작품

사랑에 빠졌을 때에는
시를 쓰지 못하는 버릇이 있었지
하지만 진정 내 최고의 작품은
그녀를 가장 사랑한다는 걸
깨달았을 때에 썼었네

그녀를 위한 이 시를
제일 먼저 그녀에게 들려줘야지

작은 모음곡
—여덟 부분으로 된 컴포지션

길
길은 평평하여
그 위로는 전차가 지나고
사람들이 지나가고
여자들이 지나간다

여자들
여자들은……
아침저녁
전차를 기다린다
전매청 앞에서

초록
초록은
그녀들이 사랑하는 색
손에는

빵 봉지들

전차 운전사
언제나 앞만 보고
담배는 피우지 않는다
전차 운전사는
참 유쾌한 사람

풍경
주택들, 상점들, 벽들
석탄창고들
바다
작은 기선들, 바지선들, 보트들

바다
물고기를 잡은 다음에는
바다를 싫어하는 사람 누가 있을까
바다 위에서 그리고 바닷가에서도

어부들
우리 어부들은
책에 나오는 어부들처럼 그렇게
노래를 합창하지는 않는다

당신의 집
이 모든 길들은
전차로 다닐 수 있지만
당신의 집은
더 먼 곳에 있구나

어느 도시를 떠나면서

이 도시에서 난
비를 맞으며 돌아다니곤 한다
밤이면 포구의 나룻배들을 보며
노래를 흥얼거리기도 하지
이 도시엔 골목들도 많아서
수많은 행인들이 오고 간다

매일 저녁이면
나에게 홍차를 가져와주던 카페의 여급
백 러시아 출신의 여자였는데
내가 참 좋아했던 그녀도
이 도시에 있어

왈츠와 폭슬롯이 사이에
슈만과 브람스를 연주할 때
나를 돌아보던 늙은 피아니스트도
이 도시에 있다

나 태어난 마을까지
승객들을 실어 나르는 증기 여객선도
이 도시에 있고
추억들도 이 도시에
사랑했던 이들도
이미 죽어버린 이들의 무덤도
이 도시에 있다

내가 일자리를 구하고
빵을 살 돈을 얻은 것도
이 도시였다

하지만 이 모든 것을 뒤로
나는 이 도시를 떠나지
다른 곳의 한 여인을 위해

작은 가슴

아스팔트 위로
자전거를 타고 소녀가 간다
그녀의 다리 사이로
비둘기는 날아오르고
그리고 한 작은 가슴……
한 작은 가슴은 두근거린다

풍경

길 건너 집 뒤로 달이 떠올랐다
저녁 공기는 스산하고
멀리서 전차 소리 들리니
바다 냄새도 실려온다
나는 풍경을 잘 읽는 사람

그림들

그 어느 것도
그녀에게 속하진 않지만
이 그림들엔
얼마나 애달픈 이름들이 적혀 있는지
"4월의 아침"
"비가 내린 후"
그리고 "밸리 댄서"
그림들을 볼 때마다
내 깊은 곳에서 울음이 밀려온다

작가의 말

『이방인』을 위해

　　혼자일지라도 난관에 맞서 투쟁하는 이는 강한 존재이다. 나는 이 사실을 홀로일 때 그리고 좌절을 느꼈을 때 더 잘 이해하게 되었다. 이러한 상황에 익숙해지기 시작한 몇 해 동안 혼자 있는 시간들이 많았다. 가끔 강함에 대해 자랑스러워할 수 있도록 고독을 즐기기도 했다. 이 느낌, 내가 그때 자존심이라 이름 지은 이 느낌은 처음에 나 자신을 위로하는 방법이었다. 나처럼 자신의 삶이 고통으로 가득 차 있다고 생각했던 사람들은 자신을 위로하기 위해 이와 유사한 여러 방법을 찾아낸다. 사람들이 외로움을 느낄 때 이러한 생각은 그들에게 친구와도 같을 것이다. 우리는 삶에 맞서, 심지어 죽음에 맞서서도, 이러한 친구의 도움으로 살아남을 수 있다. 나는 위에서 언급한 자존심과 비슷한 친구들이 더 있다. 시간이 된다면 여러분에게 이에 대해 더 잘 설명할 수 있을 테지만.

　　얼마나 좋을까! 그러나 『이방인』을 위한 서문에서 내 모든 고민을 쏟아놓는다면 여러분은 내게 화를 낼 것이다. 이런 이유로 나는 그중 하나만을 언급하려 한다. 여러분은 '나는 내가 한 일에 대해 결코 후회하지 않을 것이다'라고 결심했던 적이 있던가? 나는 있었다. 그리고 그것은 대단히 유용했다. 오래전 그렇게 결심하지 않았다면 슬픔의 날들이 훨씬 많았을 것이다. 1941년 『이방인』이라 불린 책을 출판한 것에 대해 유감스럽게 생각했고, 이 책을 재출판하는 것도 찬성하지 않았을 것이다. 지금은 『이방인』이 재출판된다 해도 '받아들일 수 있다' 정도의 느낌을 가지고 있다. 만약 오늘 낯선 것의 의미에 대해 무엇인가를 쓴다면 아마 이처럼 쓰지는 않을 것이다. 하지만 이에 대해 내게 잘못이 있다고 할 수 있는가? 나는 이 시들을 5년 전에 썼다. 5년이 지난 후에도 같은 것을 쓴다면 도대체 내가 왜 살아왔겠는가? 그때 죽었어도 되지 않았는가? 1941년에 내가 말한 것은 1616년 52세로 죽은 셰익스피어가 377세에 말해야 했던 말들이었다. 같은 방식으로 한다면 지금부터 100년 후 시인의 말은 내가 131세에 생각할 것들을 설명해야 한다.

지금 『이방인』을 옹호하듯 글을 쓰고 있다는 것을 알고 있다. 사실 나는 다른 사람들이 아니라 나 자신을 위해 『이방인』을 옹호하고 싶다. 하지만 내가 주위 사람들을 전혀 개의치 않는다고 생각하지는 말았으면 한다. 나 자신을 위해 『이방인』을 옹호하고 싶은 이유는 내가 다른 이들보다 이 시집의 약점들을 더 잘 알기 때문이다.

나는 이 부분을 더 자세히 설명하고 싶다. 하지만 내 말이 과학적인 것으로 되어버릴까 두렵다. 과학적이지 않게 시에 대해 이야기할 수 있는 몇 가지가 있다. 그러나 내가 『이방인』을 쓰고 있었을 때 나는 시의 가치들에 대해서는 생각하지 않았고 이 낯선 것의 근원에 초점을 맞추고 있었다. 솔직하게 말해서 그 당시에는 이러한 가치들에 대해 몰랐다. 그러나 지금은 다르다. 나는 시에 대해 많은 경험과 지식을 가지고 있다. 하지만 과거와 비교되는 이러한 경험과 지식을 말하는 것이 내게 더 어렵다. 사실 나는 이 시들을 이해하는 것이 말하는 것보다 더 어려울 거라고 생각한다. 또 이 시들이 이해되었다 할지라도 그게 무슨 소용이 될지 모르겠다. 관념의 역사는 관념 시기의 역사 이외의 다른 것이 아니다. 지금까지 많은 것들이 말해졌다. 하지만 진실되게 말해진 무엇이 있었던가? 예전에 내 친구 가운데 한 사람이 내게 "예술에 관한 주제들 가운데 반대를 증명할 수 없는 주제는 없다"고 말한 적이 있었다. 반증될 수 없는 주제는 없다는 말의 의미는 증명될 수 있는 주제가 없다는 말이다. 그리고 증명될 수 있는 주제가 없다면 우리는 왜 생각하고 말하고 쓰는 것일까? 아니면 예술에 대해 말하는 것도, 예술로 고심하는 것처럼 피할 수도 없으며 치료 방법도 없는 병 같은 것일까?

                1945년 4월 이스탄불에서

『이방인』 서문 요약

시, 다시 말해 말의 예술은 많은 변화를 거쳐 오늘날의 형태에 도달했다. 현재의 시는 말하기와는 완전히 다른 것이 되었다는 것을 솔직하게 인정할 필요가 있다.

전통적으로 시 문학은 우리가 운문이라 부르는 틀 내에서 유지되어왔다. 운문의 토대가 되는 것은 율격과 운이다. 고대에 운은 기억을 위해 즉, 다음 행을 쉽게 기억하려는 목적으로 이용되었다. 그러나 후에 그 속에 어떤 미적인 것이 있다는 것을 알게 되었다. 이때 사람들은 운을 그 내재적인 의미에 있어서 거의 같은 것인 율격과 함께 사용하는 데 익숙해지게 되었다. 그러나 오늘날 사람들은 시에서의 운과 율격을 사용하는 데서 큰 감동이나 놀라움을 주는 미학을 발견하지 못할 것이다. 사실, 이런 곤혹스러운 현실을 깨달은 이들은 운과 율격을 시에서 최근 "하모니harmony"로 지칭되는 것의 원조로 생각하기도 하였다. 그러나 만약 시에 감상되어야 할 어떤 하모니가 있다면 그 원천은 운도 율격도 아니다.

하모니는 운과 율격 없이도, 나아가 운과 율격에도 불구하고 존재하는 것이다. 하모니를 의식하게 만들고 사람들로 하여금 하모니의 존재에 대해 최소한의 인식을 불러오는 것은 운과 율격이다. 그러나 이런 방식으로 실현되는 하모니 즉, 운과 율격의 사용에 의해 제공된 하모니를 즐기는 것 혹은 그런 단순한 율격을 익숙하게 하는 것이 시어를 표현하는 것이라는 생각은 가장 비예술적인 것임에 틀림없다. 나는 다른 하모니의 존재를 믿고 있으며 앞서와 같은 생각이 얼마나 불필요하고, 위험하기조차 한지를 다음에서 설명하려 한다.

나는 시 예술에서 변종을 지지하지 않는다. 시는 시, 미술은 미술, 음악은 음악일 뿐이다. 상이한 예술의 각 영역은 고유한 특질이 있으며 해석의 도구들이 있다. 원하는 것을 이러한 도구들로 설명하며 이 고유성 내에 머무는 것이야말로 각 예술의 진정한 가치를 존중하면서 또 한편으론 하나의 방면에 전심전력하는 것을 뜻하는 것 아니겠는가? 아름다움을 획득하는 것은 힘든 일이 틀림없다. 시에서 음악, 음악에서 미술, 미술에서 문학은 이 어려움을 극복할 수 없는 사람들에 의해 만들어진 속임수일 뿐이다. 게다가 이 예술들은 다른 예술 내에서 이용될 때 그 자신의 진정한 가치를 많이 잃는다. 예를 들어, 음조에 있어서의 풍부함과 음율에 있어서의 다양성을 가진 위대하고도 진정한 예술인 음악과 비교할 때 시에서 조화로운 몇몇 단어들에 보조로 등장하는 음악은 무시될 수밖에 없는 것 아니겠는가? 같은 음절로 끝나는 알파벳들을 모아서 이루어진 '모방된 하모니'는 너무 단순하며 또한 값싼 속임수인 것이다. 그리고 나는 그런 속임수를 즐기게 되는 것은 사람들이 시에서 하모니를 느끼는 데 만족한다는 사실에서 나온 것이라 생각한다. 이전에 불가해하다고 생각한 어떤 것을 이해하게 될 때 사람들은 행복을 느낀다. 이런 만족은 이런 이해를 통해 예술 작품의 성공을 가늠하는 것, 즉 자기 자신과 닮은 것을 욕망하는 것일 뿐이다. 이런 측면에서 대중으로부터 사랑받는 작품들은 가장 쉽게 이해되는 작품들인 것이다.

시 문학은 그 특질이 어조에 있는 말의 예술이다. 이는 시가 완전히 의미들로 구성된다는 것을 뜻한다. 의미들은 인간의 다섯 감각에 있는 것이 아니라 마음에 거주한다. 그러므로 그 가치가 의미들 안에 놓여 있는 진정한 시는 음악성이나 그 외의 요소들 같은 부수적인 눈속임 때문에 무시되고 있는지도 모른다는 점을 염두에 두어야 한다. 사람들은 극장을 위해 필요한 장식에 대해서는 항의하면서 시에 포함된 음악에 대해서는 항의하지 않는다.

『형상시집』이라 이름 붙인 시집에서 아폴리네르는 시에 다른 예술적 요소인 그림을 도입한다. 그는 그 시의 주제가 비일 때 시의 행들로 위로부터 아래로 비 내리는 모습을 그렸다. 그리고 그 책에는 여행에 대한 시도 있다. 문자들과 단어들의 배열로 마차와 전봇대, 달과 별들을 구성하는 표를 그렸다. 정직하게 말해서 이런 것들은 우리에게 비와 여행의 분위기를 준다. 즉 아폴리네르는 다른 예술 장르에 속하는 도구들을 가지고 시를 느끼게 해준다.

아폴리네르가 그런 트릭을 적용한 유일한 사람은 아니다.

시에 미술의 요소를 도입한 사람들은 많이 있다. 예를 들면, 일본 시인들은 풀, 호수, 달빛, 떠 있는 조각배 그리고 꽃 피우는 자두나무 들과 유사한 형상들로 시를 읊는다.

그렇지만 만약 조심스럽게 본다면 내가 언급한 예들은 단지 미술적 형상들에 초점을 맞췄을 뿐임을 알 수 있을 것이다. 그런 시들은 문제적인 것이 될 만큼 중요하게 취급받지도 지지자들을 얻지도 못했다. 그러나 여전히 의미의 차원에서 시에 미술적 요소를 도입한 시인들에게는 많은 옹호자들이 있다. 그들은 자신의 글쓰기를 시로 부르는 데 어려움을 느끼지 않는다. 그 글쓰기의 유일한 기법은 묘사이다. 그러나 우리는 이러한 글쓰기의 시를 받아들이지 않아야 한다. 과도하게 나아가지 않을 때 그들은 논리적으로 보인다. 그들이 옳다는 점을 용인하고 싶을 수도 있다. 우리는 묘사가 시의 여러 조건들 가운데 하나이며 각각의 시는 어느 정도는 묘사라고 가정한다. 이런 그릇된 생각은 시의 표현 방식이 '언어'에 의거한다는 사실에서 유래한다. 그러나 시인의 특별한 관점에 의해 걸러진 것이라 할지라도 묘사는 시에 있어서 요점이 아니다. 시를 진정한 시로 만드는 것은 그 어조 속에 내포된 특질이다. 그리고 그것은 의미에 속하는 것이다.

프랑스 시인 폴 엘뤼아르가 말한 것처럼 "언젠가 시는 다만 정신으로만 읽는 것이 될 것이다. 문학은 그로부터 새로운 삶을 얻을 것이다."

문학사에 있어서 각각의 새로운 운동은 시에 어떤 제한을 가져왔다. 이 제한을 최대한의 수준까지 풀어내는 것, 더 정확히는 시를 이 구속으로부터 구하는 것이 우리의 과업이었다. 우리가 바라는 것에 가장 가까이 근접한 문학 유파는 "초현실주의"이다. 의식의 자동기술을 예술에 대한 이해와 사유 체계의 탈출구로 만든 초현실주의자들은 운과 율격을 제거해야만 했다. 자동 기술을 통해 운이나 율격과 같은 지적 조작의 불가능성을 보는 사람들에게는 이 당위성은 명백한 것이다. 둘 중 하나를 더 중요하게 생각할 필요성을 제안하고 "의미 속에 모든 가치를 가진 시"를 위해 이 작은 마술들을 희생시킨 초현실주의자들은 물론 인정받아야 한다.

초현실주의 시나 우리의 시를 읽지 않은 일반적인 사람들이 우리에 대해 쓸 때 이런 방식으로 우리를 명명했던 것은 우리가 애정이 담긴 말들로 초현실주의에 대해 언급했기 때문임에 틀림없다. 그러나 언급된 이러한 동의 외에 우리는 초현실주의에 관심이 없으며 또한 우리는 어떤 문학 유파에도 속하지 않는다.

나는 "만약 운과 율격을 제거해야 하는 이유가 단지 자동기술이라는 생각에 의존하고 있다면 이 같은 의존이 불필요하다는 것이 이해되었을 때는 운과 율격이 시에서 자신의 자리를 얻을 수 있을 것이다"라고 말했다. 그러나 그들은 그렇게 하지 않았다. 초현실주의 시인들은 시에 모방의 방식으로 삽입한 잠재의식이 실재하는 것처럼 보여주기를 원했기 때문이다. 그러므로 그들은 운과 율격을 사용해서는 안 되는 것이었다. 그리고 그들은 모방되어야 할 것을 아는 것만으로는 충분하지 않으며 또한 모방에 있어서도 능숙해야 한다는 것을 잘 의식하고 있었다. 만약 그들이 그런 사람들이 아니었다면 우리는 그들의 진정성을 믿지 않았을 것이다. 우리는, 예술가란 그 자신의 말이 진실하다는 것을 믿도록 만들어야 한다.

"내 생각에 시에서 공격받을 필요가 있는 심리 가운데 하나는 행들에 대한 심리이다." 우리는 회칠되고 도색된 건물의 벽돌들 사이의 시멘트를 볼 수 없다. 그러나 우리는 이 시멘트로 건물이 공고히 완공될 때 건물을 구성하는 하나하나의 벽돌을 보고 그들의 속성에 대해 생각해볼 기회를 얻는다.

행에 대한 의식은 우리에게 행과 행의 부분들인 시어들을 분석하고 시험해볼 기회를 우리에게 제공한다. 백 개의 단어로 이루어진 시에서 백 가지 미적 요소를 찾는 사람들이 있다. 그러나 천 개의 단어로 이루어진 시라 할지라도 그것은 하나의 미를 위해 쓰인 것이다. 벽돌은 아름답지 않다. 회반죽도 아름답지 않다. 그러나 이들의 조합으로서의 건축물은 아름답다. 우리가 마노, 혈석, 은 같은 재료들로 건물을 건축할 수 있다고 가정해보자. 만약 그 건물이 이 재료들의 아름다움 이외의 아름다움을 가지지 않는다면 그것은 예술 작품이 아니다. 언어를 재료로서 사용하는 것은 시를 위해서 이익이 아니라는 사실이 보일 것이다. 언어의 용법과 표현의 방식을 함께 가져오지 않았다면 언어들은 시에 해도 끼치지 않았을 것이다. 그러나 불행히도 이 언어들은 단지 제한된 방식으로만 말할 수 있다. 즉 언어는 자신의 고유한 어조를 결정한다. 그리고 낡은 시의 특징이 바로 이 어조이며 그 이름은 '시적인 것'이다.

우리를 이 어조에 데려다준 것은 말들이었다. 하지만 요즘 사회에서 시를 즐기고 시에 대한 관점을 가지는 사람들은 대부분 반대 방식을 취하고 있는데, 말하자면 그 말들에 앞서 시적인 것과 접하게 되는 것이다. 쓰는 동안 시적이기를 원하고 읽는 동안 시적인 것을 찾는 사람의 마음속에 이 어조를 가져올 수 있는 말들이 속한 어떤 사전이 필연적으로 형성된다. 그 사전의 틀 밖으로 나가지 않는 한 시적인 것에서 벗어나는 것은 불가능하다. 그리고 시를 위한 새로운 방향들을 제시하는 관점은 시적인 것에서 벗어나고자 하는 이러한 욕구에서 비롯된다. "티눈"이나 "슐레이만 선생" 같은 말들의 삽입을 받아들일 수 없는 사람들은 시적인 것만을 견딜 수 있는 사람들이며 그것을 찾고 또한 특출나게 찾는 사람들이기조차 하다.

어떻든 "과거에 속하는 모든 것들, 무엇보다도 시적인 것들에 반대할 필요가 있다."

옮긴이 해설

오르한 웰리 카늑과 그의 시에 대하여

터키 근대 시문학사에서 오르한 웰리 카늑Orhan Veli Kanık은 모더니즘 시 운동의 상징적인 인물로 평가받는다. 웰리는 당시 터키 시단을 지배하던 전통적인 율격과 작시법을 부정하고 현대 터키 자유시의 새 장을 연 인물이다. 옥타이 르파트, 멜리히 제브데트 안다이와의 공동 시집인 『이방인Garip』에서 웰리는 터키 시를 억눌러왔던 모든 전통과 예술적 규칙들을 타파해야 한다고 강하게 주장했다. 터키의 전통적인 서정소곡은 각 2행으로 이루어진 연들로 구성되고 첫 연의 운에 따라 각 연의 운이 결정된다. 당시까지만 해도 터키 시를 지배했던 서정소곡의 시적 표현들은 아랍어와 페르시아어에서 유입된 어휘들이 지배적인 표현 양식과 고풍적이고 틀에 박힌 상투적인 수사적 양식에서 벗어나지 못한 전통 시작법을 고수하고 있었다.

이 같은 형식적 제약은 시적 상상력을 그 형식 내부의 규칙 안으로 제한하고 통제하는 힘으로 작용했다. 웰리는 전통적 시작법에서 엄격하게 구분했던 연 형식을 따르기를 거부했으며 진부한 비유법, 상투어, 양식화

된 수사법에 반기를 들었다. 고전적 시 형식을 타파하고 새로운 감각과 표현에 기반한 시를 쓰자는 웰리의 주장은 곧바로 시 내용에 대한 비판으로 이어졌다. 옛 오스만 제국의 영광과 이스탄불의 아름다움을 서정적인 문체를 통해 노래하는 데 국한되었던 시에 새로운 변화의 바람을 불러일으키고자 한 것이다. 그는 삶을 이상화한 묘사들에 반대하였으며 종교적인 의미가 강한 시와 민족주의 이념을 담은 계몽적 시를 쓰기를 거부했다.

물론 웰리 역시 처음부터 새로운 형식으로 시를 쓸 수 있었던 것은 아니었다. 그 또한 전통적인 율격과 운을 맞추는 정형시에서부터 출발했으며 그 정제된 표현 속에 시적 서정을 나타냈다. 「연시」「에바빌」「엘도라도」와 같이 초기에 발표된 그의 고전 정형시들에는 프랑스 상징주의의 영향으로 시적 자아의 내적 울림이 시어들 속에 응축되어 표현되는 특징을 보인다. 하지만 이러한 시들은 시형(詩形)의 제약에서 벗어나지 못하고 있으며 일상의 현실보다는 몽환적이고 자기도취적인 상상의 세계에 치중하고 있다. 다시 말해 이 초기 정형시들에는 현대 자유시가 지향하는 냉철한 현실 인식을 드러내기보다 세련되고 고풍적인 시어를 사용하여 시적 미감을 표현하는 데 더 큰 노력을 기울이고 있었다.

그러나 웰리가 동인들과 더불어 발표한 『이방인』에서 보여준 시풍은 이전 시들과의 급격한 단절을 보여준다. 하나의 시적 성명서와도 같은 『이방인』의 서문에서 그는, 시에서 음악성이나 시각적 묘사가 아니라 시의 어조 속에 내포된 '의미'가 중요하다고 주창했다. 웰리에 의하면 음악성이나 시각적 이미지와 같은 것은 언어의 조직체인 시에 있어서 언제나 외부적인 것일 뿐이다. 『이방인』에 실린 시들은 「꿈」이나 「나의 왼손」 등에서 보이는 것처럼 단형시풍으로 압축하여 표현하거나 「아름다운 날들」「전처」에서처럼 일상적 현실의 단편적 인상을 포착하고 그 속에서 시적 자아의 감정을 솔직한 어조로 토로하고 있다. 뿐만 아니라 「험담」 「운전사의 아내」 「내 근심은 다른 것」에서는 상대에게 직접 말을 건네는 방식으로 일상적 표현을 그대로 살려내고 있기도 하다. 그는 구어체를 적극 살려 거리 사람들의 감정을 자신의 시각 속에서 포착했다. 전통에 기반한 시적 장식들을 거부함에 따라 일상어의 감각이 자연스럽게 그 자리를 대신하게 된 것이다. 일상적인 삶과 그 속에서 살아가는 사람들이 새로운 시적 소재가 됨으로 해서 모든 것이 시의 대상이 될 수 있게 되었으며 그만큼 시를 현실적이게 하였다. 아랍어나 페르시아어에서 유래한 시어들과 표현으로는 현실을 포착할 수 없기에 그는 당연히 일상 속에 자리한 일반대중의 언어를 시에 차용했다. 그의 시에는 경쾌한 언어유희와 그때까지는 금기시되었던 거리의 말들을 시 속에 적극적으로 도입했다. 이 시도는 터키 문학사에서 그것은 '시적 사실주의'로 불릴 수 있는 혁명적인 시적 발상의 전환으로 평가받게 된다.

과거 시의 전통과 관습에 대한 거부로부터 비롯된 그의 새로운 시들은 단순히 시적 실험에만 그치지 않았다. 웰리는 그 속에 현대 터키인들의 진솔한 감정을 누구보다도 더 예민하게 포착해내었다. 『포기하지 못하는 것 *Vazgeçemediğim*』에 실린 「나는 오래된 물건들을 산다」에서 "아, 내가 라크 술병 속 물고기라면"이란 파격적인 시구는 보수적인 터키 문단에 일대 센세이션을 일으켰다. 이 표현 속에 깃든 데카당스한 감각은 당시의 엄숙한 시단에서는 거의 받아들여질 수 없는 것이었다. 여기에는 세련된 우아함도, 사람들을 계몽하고자 하는 비판 의식도 담겨 있지 않으며 단지 현대인의 억눌린 욕망의 편린만이 보일 뿐이다. 당시, 고전 미학을 견지하는 유파에서나 현실 참여를 주장하는 리얼리즘 유파 모두에게서 이러한 표현은 용납되기 어려운 것이었다. 이 시집 속에는 「이스탄불의 노래」 「손님」 「아니라네」 등 주옥같은 그의 시들이 실려 있다. 특히 그의 대표시로 손꼽히는 「이스탄불의 노래」에서 웰리는 생활고와 실연으로 상처받은 시인 자신의 모습을 시 속에 그대로 투사하지만 그것을 센티멘털한 자기 연민에 젖어들지 않게 하면서도 내적인 감정의 울림을 섬세하게 표현했다.

1946년에는 기행시인 「길의 노래」가 발표되고 1947년에 시집 『새로움Yenisi』이 발간되었다. 『새로움』에는 「금니를 가진 나의 연인」과 「카팔르 차르쉬」에서처럼 몸을 파는 여자들에 대한 깊은 연민의 감정을 드러내거나 「황금의 산」처럼 빈민가의 일상과 그 속에서 살아가는 가난한 사람들의 소박한 꿈을 진술한 감정으로 그려낸 시들로 꾸려져 있다. 이후 그가 보여주는 현실 비판 의식은 이 무렵의 시들에서 이미 나타나고 있는 셈이다. 또한 그의 대표작 가운데 하나인 「요염히 눕다」에는 누워 있는 여인의 모습과 그녀를 바라보는 시적 화자의 시선이 함께 포착된다. 시적 화자는 누워 있는 여인에게도 그녀를 바라보는 자신에게도 불순한 욕망이 없음을 주장하지만 여인의 자태와 그녀를 바라보는 시선 모두에서 관능적인 숨결이 번져 나온다. 웰리의 시적 성취는 어쩌면 우리가 일상 속에서 마주치는 이 같은 숨 막힐 듯한 욕망의 순간들을 누구보다도 용이하게 그리고 손에 잡힐 듯 표현할 수 있는 능력에서 비롯되는 것이라 할 수 있다.

그가 생전에 발간한 마지막 시집인 『마주 서서Karşı』에는 그의 시들 가운데 대표작들이 모두 실려 있다. 「이스탄불을 듣는다」 「자유를 향하여」 「갈라타 다리」 「느낌 속에서 보라」 「무료」 등 아름다운 작품들이 여기에 수록되어 있다. 이 시들에서 웰리는 일상 속에 잠재되어 있는 아름다움들을 읽어내는 동시에 사회비판적인 인식을 분명하게 드러낸다. 이 시들을 통해 그는 민중들의 삶의 질곡과 자신의 삶의 힘겨움을 하나의 선명한 시적 현실로 형상화시킬 수 있게 된다.

그는 근대적 자유시의 개념을 터키 시에 도입하고 그것을 정점으로까지 이끌어 올린 가장 뛰어난 모더니스트 시인이었다. 그는 시가 더 이상 일부 소수 계층의 전유물이 되어서는 안 되며 대중들이 일상적으로 사용하는 표현에서 그 진정한 가치를 발견해야 한다고 믿었다. 익숙한 옛 시들로는 현대인들의 진솔한 삶의 모습을 담아낼 수 없으며 그 절제된 형식미가 오히려 시의 상상력을 억누른다고 생각했다. 그는 화려한 문학적 수사와 기교를 단호하게 배제하고 일상어와 속어를 과감하게 시어로 사용했으며, 구어체를 직접적으로 시 속에 도입했다. 때문에 그는 살아 있는 동안 문단의 이단아였으며 죽은 후에는 터키 시의 상징으로 자리 잡았다. 「이스탄불을 듣는다」「알코올 같은 무언가가 있다」「카팔르 차르쉬」「비문」「설명할 수 없어요」「갈라타 다리」 등 수없이 많은 시들이 지금도 애송되고 있다. 「이스탄불을 듣는다」를 모르는 사람은 터키인이 아니라고 이야기될 만큼 그의 시는 터키의 국민 시가 되었다. 이를테면 한국 시에 있어서 모더니스트 시인 이상이나 정지용과 견줄 수 있다.

오르한 웰리 카늑은 유럽이 전쟁에 말려들고 있던 1914년 이스탄불에서 태어났다. 그는 이스탄불의 명문 갈라타사라이 리세Galatasaray lycee에 다니는 동안 당시 교사로 재직하고 있었던 저명한 문학비평가이자 역사가인 아흐메트 함디 탄프나르를 포함하여 여러 시인들로부터 문학적 가르침을 받을 수 있었다. 웰리는 학교 신문인 『우리들의 소리 Sesimiz』에 자신의 시들을 처음으로 발표했다. 이 시기 그는 프랑스어에 탁월한 재능을 보였는데, 후에 프랑스어 서적을 번역하는 일을 하여 생계를 유지하는 데 큰 도움을 주게 된다. 1932년 앙카라의 가지 리세Gazi lycee를 졸업한 후 이스탄불 대학교 문학부에 진학하여 본격적으로 시를 발표하기 시작했다.

그는 1936년부터 1942년까지 터키 우정국에서 공무원 생활을 했으며 1942년부터 1945년까지는 터키 육군에서 복무했다. 제대 후 공립 교육부 번역청에서 일하면서 2년여 동안 많은 프랑스어 서적들을 번역했다. 1949년 1월부터 그다음 해 그가 죽을 때까지 그는 1쪽짜리 문학 팜플렛인 『나뭇잎Yaprak』을 발행하였다. 이 팸플릿은 총 28회 발간되었다. 1950년 오르한 웰리는 술에 취해 길을 걷다 맨홀에 빠져 병원으로 실려 갔으나 다음 날 숨을 거두었다. 사후인 1951년에 그의 모든 시들을 모은 『오르한 웰리 시전집Orhan Veli Bütün Şiirleri』이 간행되었다.

36세의 나이로 요절했을 때 직접적인 사인은 뇌출혈이었으나 그를 죽음으로 몰아간 것은 술이라고 할 만큼 그는 언제나 취해 살았다. 그의 생에서 여인들과의 사랑과 술은 가장 중요한 시적 대상인 동시에 살아가는 힘이기도 하였다. 「사랑 행렬」에서 표현하고 있듯이 웰리는 많은 여인들을 만났으나 평생 결혼하지는 않았다.

웰리는 죽을 때까지 두 번의 끔찍한 전쟁을 목격했고 제국이 붕괴되고 이념들이 충돌하는 것을 보았다. 그는 그 과정에서 오스만 제국이 몰락하는 것과 케말 파샤에 의해 터키가 근대 공화국으로 탄생하는 것을 지켜보았다. 그가 왕성하게 시를 발표하던 시기는 이처럼 전통적인 생활 양식이 붕괴되고 종교에 의해 지배되던 문화가 급격하게 서구 유럽 문화의 영향을 받던 때였다. 그의 시는 이러한 문화적 급변 중, 필연적으로 요구되는 새로운 문예사조 유입에 의해 태어났다고 말할 수 있다. 초기 그의 시에서 드러나는 프랑스 상징주의의 영향이나 이후 시들에서 보이는 모더니즘적 시적 기법은 이러한 시대 상황이 그에게 새로운 시를 쓰게 만든 외적 동기로 작용했음을 보여준다.

오르한 웰리가 하층 민중들의 삶을 그들의 표현 방식을 그대로 빌려 시로 노래했을 때 문학의 후원자임을 자처했던 부르주아 계층은 이를 모욕처럼 받아들였으나 그의 시는 곧 젊은이들의 영혼을 사로잡았고 열렬히 환영받았다. 그의 시에는 과장된 영탄의 효과도, 화려한 수사도, 부풀린 이미지도 없다. 정제된 운율, 미리 결정된 형식과 리듬, 점잖은 듯 감추는 시어들에 거역하면서, 단순한 삶의 진실을 제시하고 때로는 감상적으로 보일 만큼 간결한 문체로 자신의 감정을 토로한다. 그러나 그것은 시인 개인의 감정이 아니라 평범한 민중들의 가슴속에 살아 있는 목소리를 있는 그대로 대변하는 것이었다. 또한 그는 민중들의 애환을 그리면서도 언제나 해학적이고 긍정적인 관점을 잃지 않았다. 좌파 운동이 강하게 일어나던 시대에 많은 시인들이 민중의 부당하게 억압된 삶과 그 고통을 직설적인 비판적 목소리로 소리쳐 주장할 때에도 그는 언제나 삶에 대한 긍정적인 시선을 거두지 않았다. 그것은 언제나 그의 시에서 아이러니한 반향으로 울려나오는 아픔 어린 웃음이었다고 말할 수 있다.

현재 터키어 문학작품들은 소설을 중심으로 꾸준하게 번역되고 있으나 시에 대한 번역 작업은 아직까지 없다. 서구의 현대시들이 한국에 일찍부터 소개되고 번역되었으나 터키와 같은 우리에게 제3세계로 인식되는 지역의 시 번역은 빈약하기 짝이 없다. 터키의 현대시 운동은 한국에서 일어난 모더니즘의 수용 과정과 비교될 수 있다(이러한 관점에서 터키 현대문학에서 가장 빼어난 모더니즘 시인의 한 사람으로 평가되는 오르한 웰리는 비교문학적 관점에서도 연구해볼 필요성이 큰 시인이다). 터키는 유럽과 끊임없는 상호 영향 관계 속에서 근대로 진입하였으며 근대 문학 운동이 유럽이 아닌 지역에서 어떠한 모습으로 성장해왔는가를 보여주는 국가 가운데 하나라 할 수 있다는 점에서 터키 현대시는 주목받을 가치가 있을 것이다.

터키는 케말 파샤와 같은 영웅적 지도자와 외세로부터 국가를 수호하려는 단합된 민중들의 의지로 근대 제국주의 침략에서 자신을 지켜낼 수 있었으나 과거 그들이 누렸던 문화적 전달자의 위치에서 수용자의 위치로 내려가는 것을 막을 수는 없었으며 이 과정에서 문학 예술은 급변하게 되었다. 이러한 과정에서 근대문학의 빠른 수용이 이루어졌으며 새로운 사조의 수용은 터키 문학인들에게 자극제인 동시에 내면적인 갈등의 공간을 형성했다. 오르한 웰리의 시들은 이러한 현대 모더니즘의 수용이 어떠한 방식으로 제3세계에서 그 자신의 정체성을 형성해가는가를 잘 보여주고 있다. 오르한 웰리는 문화적 혼돈의 장에서 모더니즘의 전면적인 수용을 통해 터키 시를 혁신하고 단순히 하나의 문예운동 이상의 문학적 성과를 성취했다. 하지만 그의 시들은 단순히 서구 자유시의 기법들을 받아들여 전통적 시 형식을 해체하는 데에 그치지 않았다. 오르한 웰리는 현대 터키 민중들의 세계를 자신의 시 속에 투영시켜 표현해냄으로써 문학이 지식인들의 자기만족적이고 관념적인 유희로 전락하는 데 반대했다. 그것이 지금도 그의 시가 널리 애송되며 감동을 주는 이유다.

오르한 웰리의 시가 가진 풍부한 표현과 감수성을 한국어 표현으로 옮기는 것은 쉽지 않았다. 번역자들이 가장 깊이 염두에 둔 것은 터키 일상어에 기반한 웰리의 새로운 시적 표현들이 한국어에 녹아들도록 만드는 것이었다. 때로는 경어체로 때로는 평어체로 어법과 표현을 시의 분위기에 따라 맞추고자 애를 썼지만 오르한 웰리가 의도했던 대로의 언어적 감각과 감수성을 잘 살려내었는지는 자신할 수 없다. 그런 점에서 몇몇 시들에서 터키어로만 표현될 수 있는 언어유희들을 그대로 살려낼 수 없어 그 의미만을 번역 시 속에 담게 된 것은 아쉬운 대목이다. 처음에는 「나의 배들」 「혼돈」 「송시」 같은, 언어유희가 시의 독특한 울림을 낳는 작품을 제외하는 것이 어떨까 생각해보기도 하였으나 조금 어색한 부분이 있고 조금 의역이 되더라도 오르한 웰리의 시 전체를 번역한다는 원래의 목적과 취지를 살려야 한다는 데 의견을 모았다.

또 하나 아쉬운 점은 오르한 웰리가 자신들의 새로운 시 정신을 선언한 「이방인」의 서문을 완역이 아니라 축약하여 번역한 점이다. 이제는 쓰이지 않는 오스만 어휘들이 많이 사용된 서문을 한 문장 한 문장 있는 그대로 옮기기에는 여러 가지로 어려움이 많았다. 그 때문에 시만을 번역하고 서문은 빼도 되지 않을까 하는 마음을 가지기도 하였으나 현대시에 대한 웰리의 혁명적 변혁의 선언를 제외해서는 안 된다는 생각으로 부족한 대로 핵심 내용을 압축하여 번역하였다. 이후에 터키 문학 전공자들이 이 부족한 부분을 보완하여 완역해주리라 믿어 의심치 않는다.

한국어 표현에 적합하도록 시적 표현을 가다듬는 과정에서 의역이나 오역이 적지 않으리라 생각한다. 번역자들이 오랜 기간 애를 썼고 십여 차례나 반복해서 읽고 고쳤으나 그것이 번역상의 실수를 용서받게 하지는 않을 것이다. 터키 문학을 전공하는 연구자들의 많은 질정을 바란다.

2011년 11월 서울
술탄 훼라 아크프나르 여 /이현석

작가 연보

1914	4월 13일 이스탄불에서 아버지 메흐메트 웰리와 어머니 파트마 니가르 사이에서 2남 1녀 중 장남으로 태어남.
1925	초등학교 4학년 때 앙카라로 이주함. 앙카라 가지 초등학교와 앙카라 중고등학교 졸업. 학창 시절 은사였던 문학평론가 아흐메트 함디Ahmet Hamdi로부터 큰 문학적 영향을 받음. 시인 옥타이 르파트Oktay Rıfat와 멜리히 제브데트Melih Cevdet를 만나 문학동인지 『우리들의 소리Sesimiz』를 출판하고 「인간」「청춘」「소리」 등의 작품을 발표.
1932	이스탄불로 돌아가 이스탄불 대학 문과대 철학과 입학.
1935	대학 중퇴.
1936	앙카라에서 우체국 공무원으로 근무. 옥타이 르파트와 멜리히 제브데트와 다시 교유하기 시작.
1939	교통사고로 20일간 혼수상태에 빠짐.
1941	옥타이 르파트, 멜리히 제브데트와 함께 시집 『이방인Garip』 출판. 새로운 시를 알리는 서문을 쓰고 24편의 시를 실음.

1942	육군에 입대하여 1945년까지 복무.
1945	제대 후 교육부 번역청에서 일하면서 프랑스어 서적 번역함. 시집 『포기하지 못하는 것Vazgeçemediğim』과 자신의 시만 실은 『이방인』 2판 출판. 에롤 규네이Erol Guney와 고골의 「세 이야기」 공동 번역.
1946	시집 『서사시처럼Destan gibi』 출판.
1947	직장에 반민주주의 바람이 분다는 이유로 사직. 시집 『새로움Yenisi』 출판.
1948	라 퐁텐의 동화 번역. 잡지 『민족ulus』에 「여행 일지」를 게재.
1949	1월부터 문학 팸플릿 『나뭇잎Yaprak』 발행. 이듬해 세상을 떠날 때까지 28회 출판. 이 팸플릿은 사후에 유고집으로 묶여 출간됨. 팸플릿 발행으로 명성을 얻으나 경제적 어려움을 겪음. 시집 『마주 서서Karşı』와 『나스레틴 선생 이야기들Nasrettin Hoca Hikayeleri』 출판. 셰익스피어 작품을 번역함.
1950	11월 14일 술에 취해 걷다 맨홀에 빠진 뒤 혼수상태가 되어 병원으로 옮겨졌으나 곧 세상을 떠남.
1951	『오르한 웰리 시전집Orhan Veli Bütün Şiirleri』 출판.
1953	산문집 『오르한 웰리 산문집Olhan Veli Nesir Yazıları』 출판.
1975	산문집 『문학 세계Edebiyat Dünyamız』 출판.
1982	『오르한 벨리 산문전집Olhan Veli Bütün Yazıları』 출판.

기획의 말

'대산세계문학총서'를 펴내며

2010년 12월 대산세계문학총서는 100권의 발간 권수를 기록하게 되었습니다. 대산세계문학총서의 발간은 앞으로도 계속될 것이고, 따라서 100이라는 숫자는 완결이 아니라 연결의 의미를 지니는 것이지만, 그 상징성을 깊이 음미하면서 발전적 전환을 모색해야 하는 계기가 된 것은 분명합니다.

대산세계문학총서를 처음 시작할 때의 기본적인 정신과 목표는 종래의 세계문학전집의 낡은 틀을 깨고 우리의 주체적인 관점과 능력을 바탕으로 세계문학의 외연을 넓힌다는 것, 이를 통해 세계문학을 바라보는 우리의 시각을 전환하고 이해를 깊이 해나갈 수 있도록 한다는 것이었다고 간추려 말할 수 있습니다. 그리고 궁극적으로는 우리의 인문학을 지속적으로 발전시켜나갈 수 있는 동력이 될 수 있기를 희망하는 것이었습니다. 이러한 기본 정신은 앞으로도 조금도 흐트러지지 않고 지켜나갈 것입니다.

이 같은 정신을 토대로 대산세계문학총서는 새로운 변화의 물결 또한 외면하지 않고 적극 대응하고자 합니다. 세계화라는 바깥으로부터의 충격과 대한민국의 성장에 힘입은 주체적 위상 강화는 문화나 문학의 분야에서도 많은 성찰과 이를 바탕으로 한 발상의 전환을 요구하고 있습니다. 이제 세계문학이란 더 이상 일방적인 학습과 수용의 대상이 아니라 동등한 대화와 교류의 상대입니다. 이런 점에서 대산세계문학총서가 새롭게 표방하고자 하는 개방성과 대화성은 수동적 수용이 아니라 보다 높은 수준의 문화적 주체성 수립을 지향하는 것이며, 이것이 궁극적으로 한국문학과 문화의 세계화에 이바지하게 되리라고 믿습니다.

또한 안팎에서 밀려오는 변화의 물결에 감춰진 위험에 대해서도 우리는 주의를 게을리하지 말아야 할 것입니다. 표면적인 풍요와 번영의 이면에는 여전히, 아니 이제까지보다 더 위협적인 인간 정신의 황폐화라는 그늘이 짙게 드리워져 있는 것이 사실입니다. 대산세계문학총서는 이에 대항하는 정신의 마르지 않는 샘이 되고자 합니다.

'대산세계문학총서' 기획위원회

대 산 세 계 문 학 총 서

001-002 소설 　트리스트럼 샌디 (전 2권)　로렌스 스턴 지음 | 홍경숙 옮김
003 시　노래의 책　하인리히 하이네 지음 | 김재혁 옮김
004-005 소설　페리키요 사르니엔토 (전 2권)
　　　　　　호세 호아킨 페르난데스 데 리사르디 지음 | 김현철 옮김
006 시　알코올　기욤 아폴리네르 지음 | 이규현 옮김
007 소설　그들의 눈은 신을 보고 있었다　조라 닐 허스턴 지음 | 이시영 옮김
008 소설　행인　나쓰메 소세키 지음 | 유숙자 옮김
009 희곡　타오르는 어둠 속에서 / 어느 계단의 이야기
　　　　　　안토니오 부에로 바예호 지음 | 김보영 옮김
010-011 소설　오블로모프 (전 2권)　I. A. 곤차로프 지음 | 최윤락 옮김
012-013 소설　코린나: 이탈리아 이야기 (전 2권)　마담 드 스탈 지음 | 권유현 옮김
014 희곡　탬벌레인 대왕 / 몰타의 유대인 / 파우스투스 박사
　　　　　　크리스토퍼 말로 지음 | 강석주 옮김
015 소설　러시아 인형　아돌포 비오이 까사레스 지음 | 안영옥 옮김
016 소설　문장　요코미쓰 리이치 지음 | 이양 옮김
017 소설　안톤 라이저　칼 필립 모리츠 지음 | 장희권 옮김
018 시　악의 꽃　샤를 보들레르 지음 | 윤영애 옮김
019 시　로만체로　하인리히 하이네 지음 | 김재혁 옮김
020 소설　사랑과 교육　미겔 데 우나무노 지음 | 남진희 옮김
021-030 소설　서유기 (전 10권)　오승은 지음 | 임홍빈 옮김
031 소설　변경　미셸 뷔토르 지음 | 권은미 옮김
032-033 소설　약혼자들 (전 2권)　알레산드로 만초니 지음 | 김효정 옮김
034 소설　보헤미아의 숲 / 숲 속의 오솔길　아달베르트 슈티프터 지음 | 권영경 옮김
035 소설　가르강튀아 / 팡타그뤼엘　프랑수아 라블레 지음 | 유석호 옮김

036 소설	**사탄의 태양 아래**	조르주 베르나노스 지음	윤진 옮김
037 시	**시집**	스테판 말라르메 지음	황현산 옮김
038 시	**도연명 전집**	도연명 지음	이치수 역주
039 소설	**드리나 강의 다리**	이보 안드리치 지음	김지향 옮김
040 시	**한밤의 가수**	베이다오 지음	배도임 옮김
041 소설	**독사를 죽였어야 했는데**	야샤르 케말 지음	오은경 옮김
042 희곡	**볼포네, 또는 여우**	벤 존슨 지음	임이연 옮김
043 소설	**백마의 기사**	테오도어 슈토름 지음	박경희 옮김
044 소설	**경성지련**	장아이링 지음	김순진 옮김
045 소설	**첫번째 향로**	장아이링 지음	김순진 옮김
046 소설	**끄르일로프 우화집**	이반 끄르일로프 지음	정막래 옮김
047 시	**이백 오칠언절구**	이백 지음	황선재 역주
048 소설	**페테르부르크**	안드레이 벨르이 지음	이현숙 옮김
049 소설	**발칸의 전설**	요르단 욥코프 지음	신윤곤 옮김
050 소설	**블라이드데일 로맨스**	나사니엘 호손 지음	김지원·한혜경 옮김
051 희곡	**보헤미아의 빛**	라몬 델 바예-인클란 지음	김선욱 옮김
052 시	**서동 시집**	요한 볼프강 폰 괴테 지음	안문영 외 옮김
053 소설	**비밀요원**	조지프 콘래드 지음	왕은철 옮김
054-055 소설	**헤이케 이야기** (전 2권)	지은이 미상	오찬욱 옮김
056 소설	**몽골의 설화**	데. 체렌소드놈 편저	이안나 옮김
057 소설	**암초**	이디스 워튼 지음	손영미 옮김
058 소설	**수전노**	알 자히드 지음	김정아 옮김
059 소설	**거꾸로**	조리스-카를 위스망스 지음	유진현 옮김
060 소설	**페피타 히메네스**	후안 발레라 지음	박종욱 옮김
061 시	**납**	제오르제 바코비아 지음	김정환 옮김
062 시	**끝과 시작**	비스와바 쉼보르스카 지음	최성은 옮김
063 소설	**과학의 나무**	피오 바로하 지음	조구호 옮김
064 소설	**밀회의 집**	알랭 로브-그리예 지음	임혜숙 옮김
065 소설	**홍까오량 가족**	모옌 지음	박명애 옮김
066 소설	**아서의 섬**	엘사 모란테 지음	천지은 옮김
067 시	**소동파사선**	소동파 지음	조규백 역주
068 소설	**위험한 관계**	쇼데를로 드 라클로 지음	윤진 옮김

| 069 소설 | 거장과 마르가리타　미하일 불가코프 지음 | 김혜란 옮김
| 070 소설 | 우게쓰 이야기　우에다 아키나리 지음 | 이한창 옮김
| 071 소설 | 별과 사랑　엘레나 포니아토프스카 지음 | 추인숙 옮김
| 072-073 소설 | 불의 산(전 2권)　쓰시마 유코 지음 | 이송희 옮김
| 074 소설 | 인생의 첫출발　오노레 드 발자크 지음 | 선영아 옮김
| 075 소설 | 몰로이　사뮈엘 베케트 지음 | 김경의 옮김
| 076 시 | 미오 시드의 노래　지은이 미상 | 정동섭 옮김
| 077 희곡 | 셰익스피어 로맨스 희곡 전집　윌리엄 셰익스피어 지음 | 이상섭 옮김
| 078 희곡 | 돈 카를로스　프리드리히 폰 실러 지음 | 장상용 옮김
| 079-080 소설 | 파멜라(전 2권)　새뮤얼 리처드슨 지음 | 장은명 옮김
| 081 시 | 이십억 광년의 고독　다니카와 슌타로 지음 | 김응교 옮김
| 082 소설 | 잔지바르 또는 마지막 이유　알프레트 안더쉬 지음 | 강여규 옮김
| 083 소설 | 에피 브리스트　테오도르 폰타네 지음 | 김영주 옮김
| 084 소설 | 악에 관한 세 편의 대화　블라디미르 솔로비요프 지음 | 박종소 옮김
| 085-086 소설 | 새로운 인생(전 2권)　잉고 슐체 지음 | 노선정 옮김
| 087 소설 | 그것이 어떻게 빛나는지　토마스 브루시히 지음 | 문항심 옮김
| 088-089 산문 | 한유문집-창려문초(전 2권)　한유 지음 | 이주해 옮김
| 090 시 | 서곡　윌리엄 워즈워스 지음 | 김숭희 옮김
| 091 소설 | 어떤 여자　아리시마 다케오 지음 | 김옥희 옮김
| 092 시 | 가윈 경과 녹색기사　지은이 미상 | 이동일 옮김
| 093 산문 | 어린 시절　나탈리 사로트 지음 | 권수경 옮김
| 094 소설 | 골로블료프가의 사람들　미하일 살티코프 셰드린 지음 | 김원한 옮김
| 095 소설 | 결투　알렉산드르 쿠프린 지음 | 이기주 옮김
| 096 소설 | 결혼식 전날 생긴 일　네우송 호드리게스 지음 | 오진영 옮김
| 097 소설 | 장벽을 뛰어넘는 사람　페터 슈나이더 지음 | 김연신 옮김
| 098 소설 | 에두아르트의 귀향　페터 슈나이더 지음 | 김연신 옮김
| 099 소설 | 옛날 옛적에 한 나라가 있었지　두샨 코바체비치 지음 | 김상헌 옮김
| 100 소설 | 나는 고故 마티아 파스칼이오　루이지 피란델로 지음 | 이윤희 옮김
| 101 소설 | 따니아오 호수 이야기　왕정치 지음 | 박정원 옮김
| 102 시 | 송사삼백수　주조모 엮음 | 이동향 역주
| 103 시 | 문턱 너머 저편　에이드리언 리치 지음 | 한지희 옮김

104 소설 **충효공원** 천잉전 지음 | 주재희 옮김
105 희곡 **유디트/헤롯과 마리암네** 프리드리히 헤벨 지음 | 김영목 옮김
106 시 **이스탄불을 듣는다** 오르한 웰리 카늑 지음 | 술탄 훼라 아크프나르 여·이현석 옮김